岩波現代文庫／学術 387

『碧巌録』を読む

末木文美士

JN159363

岩波書店

目　次

第三講　禅の存在論

第一講　禅の根本問題

1　『碧巌録』というテキスト

『碧巌録』とは

これから四回にわたって、『碧巌録《へきがんろく》』という禅のテキストをご一緒に読んでいきたいと思います。岩波文庫の『碧巌録』は、もともと朝比奈宗源という方が校訂されまして、昭和一一、一二年に発行されたもので、長いあいだ親しまれてきました。それを校訂しなおして、新しい訳を付けて出そうという計画がしばらく前からありまして、そのお手伝いをさせていただきました。ようやく一九九六年の二月に第三冊目、下巻が出まして、三冊が完結いたしました。上巻の出たのが一九九二年ですが、準備段階から数えると一〇年以上かかっています。

そんなわけで、「『碧巌録』を読む」というタイトルで、岩波市民セミナーで何か話をしないかということになりました。「……を読む」というのは、このセミナーのお得意のテーマで、概括的な話でなく、テキストそのものをきちんと読み込んでいくという趣旨ですが、私自身ずっと仏教の文献を扱ってきまして、テキストそのものに即することがどれほど大事かということを、いやというほど痛感してきました。テキストを離れて勝手なことを言うのは簡単ですが、テキストそのものを正しく読みこなしていくというのは、面倒で、退屈な作業を含むものです。しかし、その作業を通じて、テキストのまったく新しい顔が見えてくる悦びは、何ものにも代え難いものがあります。特に本書のような場合、一見すると古臭くて、何を言っているのか、わけもわからないように見えますが、ていねいに読んでいくと、驚くほど新鮮で、現代にそのまま生きてくるような深い思想を含んでいることがわかってきます。そのテキスト再発見の悦びと感激を、皆さんと共有してみたいと思います。慣れませんので、うまく話が進むかどうかわかりませんが、どうかお付き合いください。

なお、私がお話しする内容の基本的なところは、以前岩波書店から出ていました『へるめす』という雑誌の一九九六年一一月号に「解体する言葉と世界」という題の論文として掲載しましたので、ご参照いただければ幸いです〔拙著『解体する言葉と世界――仏教からの挑戦』岩波書店、一九九八に再録〕。今回は、そこに書いたことを敷衍しながら、もう少し詳しく、テキストに即しながらお話ししていくことになるかと思います。

『碧巌録』という本の性質について、あらかじめくだくだと述べることはやめたいと思います。というのは、そういうお話をしていますと、前提的な話で時間を食ってしまいますので、なるべく本論的な、実際に本文を読んでいくということを主にしたいと思います。本書のような場合、あらかじめ知識を仕入れておいて、それに基づいて読むというよりは、逆にそのような前提をすべて捨てて、先入観なしに素直に読むほうが、その意図するところをストレートに受け止めることができるのではないかと思います。ですから、テキストについての概説や内容紹介のようなことは最低限にして、ごく簡単に済ませたいと思います。

ただし、どうしても頭に入れておいていただきたいのは、本書がちょっと厄介な重層的な構造を持っているということです。まず、中国の宋の時代に、雪竇重顕《せっちょうじゅうけん》(九八〇―一〇五二)という雲門宗の禅僧が、当時行なわれていた公案《こうあん》の中から重要なものを一〇〇選び出し――これを本則《ほんそく》と呼びますが――、それに対して頌《じゅ》と言って、それぞれの公案に対する自分の受け止め方を詩の形にしたものを付けました。それを『雪竇頌古《じゅこ》』とか『頌古百則』とか呼びます。それに圜悟克勤《えんごこくごん》(一〇六三―一一三五)という臨済宗の人が垂《すい》示《じ》と著語《じゃくご》と評唱《ひょうしょう》を付けました。垂示というのは、イントロダクションで、各則のはじめに、その則を読む心構えを述べたものです。著語というのは、本則と頌のほとんど一文ごとにコメントを付けたもので、なかなか読みにくい厄介なものです。評唱は、本則と頌に対する注釈や解説的なことがらを述べたもので、本書の中ではもっとも散文的な、わかりやすい箇所です。このように、本書は最終的には圜悟克勤という人の著作ということになるわけですが、きわめて重層的な成立過程と複雑な構造を持っており、これが本書の読み方を難しくしている一つの原因です。この点については、あとで実際に具体的な例を見ていきたいと思いますが、読む場合ぜひ念頭に置いておくべきことです。

雪竇とか圜悟とかいう人がどのような人かということは、岩波文庫版『碧巌録』の上巻の「解題」(九頁)に溝口雄三氏が述べていますので、いまは省略します。

こうして圜悟によって完成された本書は、そのあと非常に数奇な運命を辿りました。「圜悟門下の高弟大慧宗杲《だいえそうこう》(一〇八九—一一六三)が、一門の門弟らが圜悟の評唱や著語にとらわれて自己の主体的判断を喪失している風潮を非とし、刊本を集めて薪で燃やしたという伝聞がある」(「解題」一一頁)。

このことは、真偽のほどは不明であると言われていますが、実際、版本はすぐに流布したわけではなくて、流布するようになるのはかなり時代が経ってからでありまして、いま普通に読まれているテキストは、元の時代になってからのものがもとになっています。

ただ、それとは違う系統の写本に、道元(一二〇〇—一二五三)が日本に伝えたというものがありまして、それが唯一、別の系統のものです。ところが、道元が伝えたというのも伝説でありまして、本当に道元が伝えたのかどうかわかりません。伝説によると、道元が中国に留学して日本に帰る直前に、こういう本があるということを知って、白山権現の加護によって一晩のうちに書き写して、日本に持ち帰ったと言われています。ですから「一夜本」と呼ばれます。

一夜本を現行本と比べてみますと、文言の違いが大きくて、一夜本のほうが古い形を伝えていると考えられます。現行本でわかりにくくなっている箇所も、一夜本だと意味が通じやすいところも少なくありません。今日一般に用いられているのは、鎌倉時代の終わりごろから主に日本の五山系統で使われたもので、これは先ほど言いました元の時代に印刷され刊行されたものを、日本で覆刻印刷したもので、いわゆる五山版と呼ばれるものです。これによって本書は広く普及するようになりました。

岩波文庫新版は、この五山版の一種である瑞龍寺版を底本にしています。一夜本のほうが古いものならば、それを底本にすればよさそうですが、五山版のほうが長く用いられてきており、また、両者は同じテキストの二つの異本というよりは、ほとんど二つの別のテキストと言ってよいくらいに相違がありますので、五山版を底本として、一夜本はあくまでも参照に留めることにしました。

五山版以来、本書は日本の、とくに臨済宗でずっと長く読み継がれ、臨済宗の一番の聖典になりました。五山版の扉には、これは元版を写したものですが、「宗門第一書」と大きく書かれています。

明治以降になりましても、禅に関心を持つ人たちが必ず手にする本で、夏目漱石の『門』などにも出てきますし、中江兆民も『碧巌録』を読んでいたらしくて、本書から取った言葉を非常に多く使っているそうです。そのように、広く読まれてきたものでした。岩波文庫旧版の校注者である朝比奈宗源という方は円覚寺の老師で、影響力が大きかった人ですが、その方の手に成る旧版が戦前に出ましてからは、それが当時の若い人、特に旧制高校の学生さんなんかの必読書のように言われて、デカルトやカントの哲学書と一緒にこれを懐に持ち、禅寺の門を叩くのが哲学青年の流行のようなものでした。ところが、朝比奈本で読んでみますと、まずわからないのです。どう見ても読めない、理解できない。私も禅に関心を持って少し勉強を始めたのですが、どうにも読めなくて立ち往生してしまいました。そのわからなさが、きっと何か奥深さを感じさせ、それを振り回すことが格好よく見えたのでしょう。

でも、私としては、奥深さよりも何とかわかりたいという気持ちが強かったものですから、そこで、友人たちと一緒に『碧巌録』を読む研究会をつくったりして、悪戦苦闘してきました。そんな折柄、岩波文庫を改訳するという話が出まして、その訳者に加えていただくことになりました。

岩波文庫新版の意義

『碧巌録』が非常にわかりにくいと言いましたが、そのわかりにくさには二つあります。一つには、もちろん内容的にわかりにくいということがありますが、もう一つは、それ以前の問題として、当時の俗語をふんだんに使っていますから、言葉がわからないのです。私たちが通常読む中国の古典は、『論語』とか『孟子』とかいうような先秦時代の古典を範型としています。それが漢文として日本人に親しまれてきました。中国語は、特に書き言葉においては、他の言葉より規範意識が強いので、あとの時代のものでも古典的な漢文の文法で読める場合が多いのですが、それにしても少しずつ変化してきますので、古典漢文では読めない語法や語彙も多くなります。六朝期の漢訳仏典においても、古典的な漢文からかなり離れています。まして、本書のような禅の文献は、もともとが語られた問答や講義に基づくもので、俗語を大幅に取り入れることによって、生き生きとした臨場感あふれる面白味を出しているのですから、古典的な漢文からはいっそう離れることになります。むしろ現代の中国語に非常に近くなってきます。中国語学のほうからは、現代の中国語の形成過程の解明に禅の文献がしばしば用いられます。

この岩波文庫新版は、四人の訳者の共訳という方法を取りました。その中で、いちばん最初に名前があります入矢義高先生は、このような中国の俗語の語学・文学の専門家でありまして、禅の文献も、当時の中国語の俗語の文献としてきちんと読まなければいけないということを主張されて、実践してこられた方です。岩波文庫に収められた『臨済録』は、入矢先生の名訳で、決定版とも言うべきものです。今回の『碧巌録』の新版も、入矢先生の理念を実現するために、他の三人がお手伝いする形で進められました。

その入矢先生を中心としまして、二番目の溝口雄三先生は、中国の宋明の時代の主に儒学を専門としておられますが、当時の朱子の語録などにも禅の用語や語法と共通するものが多いことを指摘しておられます。それから、私が仏教のほうからお手伝いして、伊藤文生さんという方は溝口先生のお弟子さんですが、書道に詳しく、その方面で禅語がしばしば取り上げられることから、禅に関心を持つようになったということです。

旧版が禅の老師による伝統的解釈の決定版という位置付けを持つのに対して、新版はこのように非常に異色の組み合わせで、むしろ禅の体験的な解釈に踏み入らず、語学的な正確さや、当時の諸文献の用語・語法に照らして解釈を決めていくという方法を取りました。それによって、本書を学問的な手続きのもとに読み込もうと試みたわけです。もっとも、そうした手続きを取っても容易にわかるものではなく、試行錯誤の一段階と見るべきであろうと思います。

ここに『中外日報』という仏教系の新聞の記事(一九九六年八月二〇日)がありますが、そこに訳者の一人である伊藤さんが、今回の訳の狙いについて書きました。ところがそれを、『毎日新聞』が「余録」という欄で取り上げてくれました(一九九六年九月二日)。一般の大新聞が、こういう特殊なものを取り上げるというのは、きわめてまれなことであろうと思うのですが、それだけ『碧巌録』が狭い仏教の世界を超えて関心を持たれているということで、これは非常に心強く思ったものです。その「余録」欄の一部を読んでみます。

宋の雪竇《せっちょう》が古今の名問答を一〇〇問選んだうえ、自己の禅体験を踏まえた評釈を加えた。それをもとに、圜悟《えんご》がかんで含めるように講義した、筆記ノートが『碧巌録』。口述筆記だから、当然、宋代(一一世紀)の口語が交じる。漢文訓読法になれた日本人には、それがかえって分かりにくい。

おなじみの禅語「作麼生《そもさん》」。禅宗とともに入ってきた宋代の中国語だが、先ごろ完成した岩波文庫の新訳では、「いかに」と和語に変えられた。「喉《のど》と口とをふさいで、いかにか言う」を、旧訳では「咽喉《いんこう》・唇吻《しんふん》を併却して、そもさんか道《い》はん」と読み下していたのだから、頭が痛い。

これでは確かに何のことかわからないですね。なんとなく、昔の訳のほうが意味深長というか、すごく奥深いことを言っているみたいに見えるのですけれども、実はそうではなくて、ごく単純なことを言っているわけなのです。単純なことは、単純であるということがわかるように、少しでもわかりやすく訳を工夫したというのが今回の特徴になります。

そうはいっても、「余録」欄に、「それでも、やさしく読める本ではない」と言っている通りでして、一つには、もはや訓読という方法自体が限界であろうかと思います。たとえば、現代中国語で、「這是一本書」というのを、「這《こ》れ是《こ》れ一本の書なり」というのよりも、「これは一冊の本です」というほうが、わかりやすいばかりか正確です。『碧巌録』のような文献の場合も同じことが言えるわけで、いま、これをさらに現代語に訳すという次の仕事を、私は友人たちと進めています。大体の下訳は出来上がっていますので、最終的には数年のうちに刊行できればと思っています。そうすれば、さらにもう一歩、わかりやすくなるかと思います〔『現代語訳 碧巌録』として既刊、本書「付録2」二六八頁参照〕。

今回お話しするのは、こうした作業と並行して、いかにして『碧巌録』の内容を従来の禅寺の提唱から解放して、より自由な立場から読んでいくことができるかという、試行錯誤の一端です。いままでのように、わけのわからないのが禅であるというふうな見方から、そうではなくて、わかるものなのだ、非常に豊かな内容を持った、現代においてもきわめて先鋭的にいろいろ示唆するところの大きい本なのだ、ということを、私の力の及ぶ範囲で示してみたいと思います。もちろん不十分なところも多いと思いますので、ご批評いただければ幸いです。

各則の構成

簡単に済ませるはずの序論的なことが、随分長くなってしまいました。これ以上の解説的なことは、文庫版の上巻に「解説」(入矢義高)と「解題」(溝口雄三)がありますし、下巻のいちばん最後のところに、私が「『碧巌録』を読むために」と題して、解説的なことを書きましたので、そちらをご覧いただくことにしまして、少しでも実際のテキストそのものを読み進めたいと思います。では、早速内容に入ることにしましょう。なお、以下『碧巌録』の引用は、すべて岩波文庫新版を用いますので、ご了承ください。

最初のほうに、出版のときの序文がいくつか付いていますが、これは今回は飛ばすことにしまして、第一則から入っていくことにしたいと思います。

これからの予定ですが、四回にわたって講義しますので、第一則から第四則までをメインに据えながら、各回一則ずつを手がかりにして、それと関連する他の箇所、あるいは『碧巌録』以外の文献などにも場合によっては言及しながら、話を広げていくという形にしたいと思います。

全体の一〇〇則は必ずしも体系立っているわけではありませんが、この第一則が最初に出てくるのは、あとでお話ししますようにそれなりの理由が考えられます。そのあとは、必ずしも絶対的な順番というものはないのですが、第一則から第四則あたりまで見ていきますと、『碧巌録』のいちばん基本となる思想というか考え方を、だいたいそこから読み取っていくことができるのではないかと考えています。毎回のテーマとして、「禅の根本問題」「禅の言語論」「禅の存在論」「禅の人間論」と、いかにも体系的に整ったような標題を付けましたが、実はそれほど体系立っているわけではありません。今日は第一則を具体的な例として挙げながら、それと関連する問題を考えていきたいと思います。

いま申しましたように、本書は一〇〇則から成りますが、それぞれの則の構成をまず見ておきたいと思います。先にも簡単に触れましたが、具体的に第一則で見ますと、いちばん最初に垂示《すいじ》というのが置かれています。垂示というのは圜悟《えんご》が付けたもので、本文に入る導入みたいなものです。垂示は、本則の内容と必ずしも密接に関連しているとは言えないものでありまして、むしろ、さあ、これから話をするからよく聞きなさい、というふうな、注意を喚起するようなものであると考えていいのです。

非常に面白いことですが、先ほど触れました一夜本ですと垂示が違っていまして、われわれの使っているテキストでは第二則の垂示になっているものが、第一則の垂示として出ているのです。そういう具合に、入れる場所を少し変えても、それで通用するというような性質のものですから、必ずしも内容と絶対的に密接に関係するものではありません。垂示は、すべての則にあるわけではなくて、一部の則では欠けているところもあります。

次が本則で、これが要するに本論ということでありまして、公案です。公案というのは、昔の偉い禅者の言動を記したものですが、それが後世の修行者のお手本になるものです。公案という言葉はいろいろ解釈がありまして、お手本的なものという意味合いに取る場合もありますし、もともと公文書のことですので、規範的なものという解釈もあります。入矢義高先生の解釈ですと、裁判上の用語で、裁判の判決を待っている案件のことを、とくに指すのだと言われます。したがって修行者が、それに対して解決を下さなければならない、判決を下さなければならない、そういう問題であると解釈されます。ここではそういう方向で取りたいと思います。この本則がいちばん中心になるわけです。

文庫新版の本則を見ますと〔　〕がたくさんあり、その中に言葉が入っていますが、この部分は著語《じゃくご》と言いまして、圜悟が付けたコメントです。この〔　〕の中は、話の筋を取る場合には除外して読むのが適当でして、つまり、そこを除いたものが本則です。そのほとんど一文一文に圜悟のコメントが付されています。

その次に評唱《ひょうしょう》というのがあります。これは圜悟による注釈です。注釈には二つのはたらきがあります。一つは、本則の内容に対する説明的なもので、たとえば歴史的な背景とか、人物の説明とか、そういうことを述べているものです。それは本文を読むのに、直接役に立つものです。

もう一つは本則の読み方です。どういうふうな視点から読んだらいいのかという圜悟の読み方が、そこで提示されている場合があります。これも非常に重要であります。もともと本則は、圜悟よりはるか以前に雪竇《せっちょう》が集めたものでありまして、内容的には雪竇以前に遡るものが多いと考えられますので、そこに時間差、あるいは、立場の差というのが当然出てきます。ですから、本則そのものとして、それが成立した時点で考える場合と、それを圜悟の読み方で読む場合との間に、ずれが生じる場合があるのです。第一則に関してもそういう問題が出てきまして、それはのちにお話ししていきますが、この点は注意して読んでいく必要があります。

その注釈の後に頌《じゅ》があります。中国の漢音ですと「ショウ」ですが、仏教のほうでは「ジュ」と読みます。詩の形をとったものを頌と呼ぶのですが、これは先ほど言いましたように雪竇が付けたものです。もともとの形は、雪竇が一〇〇の本則、古則を集めて、それに対して頌を付けた『雪竇頌古《せっちょうじゅこ》』です。

頌に関しても、〔　〕に入っているのは圜悟の著語ですから、あとで付けられたものです。頌も雪竇がつくった時点のものとしては、〔　〕を取り除いて読まないと文脈が取れません。さらに頌にも本則と同じように評唱がありまして、これもやはり圜悟が付けたもので、頌に対する説明をしています。

このようなわけで、先ほども申しましたように、本書は重層構造を持っていますから、それを読む場合、もともとの公案の文脈と、それが雪竇を経て圜悟に至る時点で、場合によっては読み取り方そのものが変わってくる。そこを注意して読まないといけないという、いささか厄介な問題があります。その点を、一つの目の付けどころとしていく必要があろうかと思います。

2　達磨、武帝をやりこめる(第一則)

では、第一則の垂示から見てみたいと思います。第一則に「武帝、達磨に問う」という標題があります。この標題はあとで付けたもので、もともとあったものではありません。内容を要約して付けたものです。

垂示

垂示《すいじ》に云《いわ》く、山を隔てて煙を見て、早《つと》に是《こ》れ火なることを知り、牆《かき》を隔てて角《つの》を見て、便《すなわ》ち是《こ》れ牛なることを知る。挙一明三《こいちみょうさん》、目機銖両《もっきしゅりょう》は、是れ衲僧家《のうそうけ》の尋常茶飯《さはん》。衆流《しゅりゅう》を截断《せつだん》するに至っては、東涌《とうゆ》西没《さいもつ》、逆順縦横《ぎゃくじゅんじゅうおう》、与奪自在なり。正当恁麼《しょうとういんも》の時、且《しばら》く道《い》え、是れ什麼人《いかなるひと》の行履《あんり》の処ぞ。雪竇《せっちょう》の葛藤《かっとう》を看取《み》よ。

これだけ読んでは、何のことかわからないでしょう。簡単に言えば、禅僧のはたらきが機敏であることを言っているのです。山を隔てて、山の向こうに煙を見ると、あそこで火が燃えているんだ、とパッとわかる。垣根を隔てて角の先だけ見ても、すぐに、あれは牛だとわかる。一隅を挙げれば、残りの三隅も理解する。次の「銖両《しゅりょう》」は重さの小さい単位ですので、目分量で小さい単位をパッと見分ける、ということです。「衲僧家《のうそうけ》」は禅坊主のことです。禅坊主としては、その程度は当たり前のことだ、その程度で自慢してはいけない、もう一歩進まなければいけない、と言っているわけです。

「衆流」は、さまざまな考え方、いろいろな説のことで、いろいろな人の、いろいろな見方、考え方を一気に断ち切る。「東涌西没《とうゆさいもつ》」は、東に顔を出したり西の方で頭を引っ込めたり、出没自在。「逆順縦横」は、ひっくり返ったりまっすぐ行ったり、縦になったり横になったり。次の「与奪」は、相手に自由にさせることが「与」で、相手の自由を奪うことが「奪」です。そうしたさまざまなはたらきが自由自在にできる、そういうところまで至らなければいけない。「正当恁麼《しょうとういんも》の時」は、まさにそういうとき。「且《しばら》く道《い》え」は、「さあ」という疑問を提示する言葉です。さあ、まさにこのとき、これはどういう人の行動なのか。自由自在のはたらき、そこに古人のすぐれたはたらきを見なければいけない。

そこで、それを提示する雪竇の言葉を見なさい、と言って本則に入ります。ここで、「葛藤」と言っていますが、これは言葉のことです。もともと「葛藤」は蔓草《つるくさ》のことですが、蔓草というのは木にからみついて、それから離れない。同じように、われわれの日常生活の中にからみついている、それが言葉というものです。

これからお話ししていく『碧巌録』の読み方のいちばんのポイントは、言葉という点に焦点を当てて読んでゆくべきだということで、それが私の読み方です。こう言うと、禅というのは「不立文字《ふりゅうもんじ》」と言って、文字は立てないのではないか、と思われるかもしれません。言葉で表現できない悟りの世界に到達するのが禅である、とよく言われます。

ところが、それに対して、もう一方で、禅というのは言葉を重視する教えでもあるのです。われわれの日常的な言葉そのものを、別の言葉によって打ち砕いていくのが、禅の言葉になります。そのことは、これから具体的に読んでゆく中で次第にはっきりしてくるでしょう。いずれにしても、禅は言葉に非常にこだわる思想でありまして、そのような言葉を「葛藤」と呼びます。言葉は徹頭徹尾、われわれにからまってくる。それは、われわれを迷わせるものであると同時に、その徹頭徹尾からまってくる言葉の中に道を切り開いて進んでいくとき、そこに新たな世界が見えてくる。悟りという言い方は、ややもすると危険な言葉ですが、あえて言えば、悟りというのは、そういう言葉を通して出てくるもので、それが葛藤という言葉で表現されているのです。

先ほど言いましたように、垂示は、必ずしも第一則に必然的につながっているものではありません。どの則を取っても、だいたい同じようなことを言っています。居眠りしている坊主たちに向かって、いまから始めるからさあ聞きなさい、と注意を喚起する、そんな感じの導入と考えたらいいでしょう。

次に本則に入ります。〔　〕の中の著語《じゃくご》は除外して見ていくことにしたいと思います。とりあえず一度読んでみましょう。

本　則

挙《こ》す。梁《りょう》の武帝《ぶてい》、達磨大師《だるまだいし》に問う、「如何《いか》なるか是《こ》れ聖諦《しょうたい》第一義」。

磨云《いわ》く、「廓然無聖《かくねんむしょう》」。

帝曰く、「朕《ちん》に対する者は誰《た》ぞ」。

磨云く、「識《し》らず」。

帝契《かな》わず。達磨遂《つい》に江を渡って魏《ぎ》に至る。

帝、後《のち》に挙《こ》して志公《しこう》に問う。

志公云く、「陛下還《は》た此《こ》の人を識る否《や》」。

帝云く、「識らず」。

志公云く、「此れは是れ観音大士《かんのんだいし》、仏心印《ぶっしんいん》を伝う」。

帝悔いて、遂に使いを遣わし去《ゆ》きて請《しょう》ぜんとす。

志公云く、「陛下、使いを発し去《ゆ》きて取《むか》えしめんとするは莫道《もとより》、闔国《こうこく》の人去《ゆ》くも、佗《かれ》は亦た回《かえ》らず」。

ざっと内容を考えてみましょう。「挙《こ》す」というのは、本則を取り上げるときの最初の言葉ですので、内容には関わりません。梁の武帝が達磨大師に問うた。そこで、この二人の問答が中心になるわけです。梁の武帝というのは、中国の南北朝時代の南朝梁の初代皇帝蕭衍《しょうえん》のことで、六世紀の前半ぐらいの人です。武帝は非常に仏教に傾倒しまして、さかんにお寺を造ったり、仏教の興隆を図ります。それで、仏教はさかんになりますが、そのために国家財政に破綻を来すに至ります。

梁の武帝のときに、達磨大師が中国にやってきたと言われています。達磨というのは禅の伝説的な開祖とされる人で、菩提達磨《ぼだいだるま》と言います。この人は南インドの王族の出身だと言われていまして、海路、つまり南の海を回って中国にやってきて、したがって南朝、南のほうにまずやってきたと伝えられています。しかし、これは伝説的な話でありまして、そもそも達磨というのがどういう人であったかということは、ほとんどよくわかりません。達磨が書いたと言われる著作は、いくつか伝わっていますが、それも本当に達磨にどれだけ遡り得るかということはわかりません。非常に伝説に満ちた人物です。

一説には、当時、中央アジアを通って中国にやってきて、中国の仏教のさかんであるのを見て感動したという記述がある本もあり、そのほうが実態に近いとも言われていますす。そんなわけで、どういう人であったのかよくわからないのですが、唐の時代には達磨が禅の開祖として定着しまして、いろいろな形で、神話というか、物語が展開していきます。その物語の代表的なものが、この梁の武帝との問答です。

このように、海を渡ってきたという説が定着していますので、南の梁の国にまず着くことになります。ところが、武帝には達磨の教えがわからなかった。そこで、北に行くわけです。北魏の国に少林寺というお寺があります。そこで坐禅をします。面壁《めんぺき》九年と言って、九年間ずっと坐禅を続ける。その達磨のもとに弟子が少しずつやってきて、そのなかでも、とくに慧可《えか》という弟子が達磨の法を継いで、第二祖とされます。この人が、達磨に教えを請うために自分の腕を切り落として、それを達磨に捧げたというのは、禅画の題としてよく描かれる場面です。日本の、いわゆる達磨さんというのも、どういう変化を経ていまのような形になったのか知りませんが、もともとは達磨が坐禅をしていて、手も足もぜんぶ隠して、ひたすら坐っているという姿から出発しているものです。

ここでは、達磨と梁の武帝との問答が取り上げられます。梁の武帝は最初に達磨がやってきたときに、「如何なるか是れ聖諦《しょうたい》第一義」という問いを立てました。「聖諦第一義」というのは、仏教の根本真理ということですから、仏教の根本真理は何であるか、という問いです。

評唱の中に、このあたりのことは解説されています。評唱は長いので、部分的に見ていくことにしたいと思います。評唱の最初の段落は、禅の基本的な原則みたいなことが書いてあります。最初にそこをちょっと見ておきます。

達磨遥《はる》かに此土《このくに》に大乗の根器有るを観て、遂《つい》に海を泛《わた》って得得《はるばる》と来たり、心印を単伝して迷塗《めいと》に開示《かいじ》す。不立文字《ふりゅうもんじ》、直指《じきし》人心《にんしん》、見性成仏《けんしょうじょうぶつ》と。

「不立文字」云々は禅のスローガンです。先ほども言いましたように、文字を立てないというのが禅の建て前です。文字を立てず、直接に人の心を指し示す。その心の本性を明らかにするとき、成仏するのだ、というのです。以下、「若《も》し恁麼《いんも》に見得せば、便《すなわ》ち自由の分有らん」、もしこのように理解すれば、自由の境地が得られる云々、と続いていきますが、いまはそこは略します。

次の段落に行きまして、

武帝嘗《かつ》て袈裟《けさ》を披《まと》いて、自ら『放光般若経』を講ず。天花《てんげ》乱墜《らんつい》し、地黄金と変ずることを感得す。道を辦《べん》じ仏を奉じ、天下に誥詔《みことのり》して、寺を起《た》て僧を度《とくど》し、教に依って修行せしむ。人之《これ》を仏心天子と謂《い》う。

武帝という人は、自分自身仏教の教理を勉強した人で、自ら袈裟を着て、お経を講義した。そうすると天から花が降り、地は黄金に変ずるという奇蹟が起こったという、それほど仏教に深く傾倒した人でした。

もう少し先を見ますと、

達磨初めて武帝に見《まみ》えしとき、帝問う、「朕《ちん》、寺を起て僧を度《とくど》す、何の功徳《くどく》か有る」。磨云く、「功徳《くどく》無し」と。

本則の前に、この問答が入っている場合がありまして、これも一連として考えれば、なおよくわかります。いちばん最初に武帝が自慢をするわけです。自分はこんなにお寺を建てて、坊さんをつくっている、それにはどんな功徳があるか、と尋ねます。武帝としては達磨からの賞賛を求めているわけです。ところが、それに対して達磨は、そんなものは功徳がない、と一言で切って捨てます。それに対して本則は、第二問答と言ってよいものです。

「聖諦第一義」というのは、評唱の次のところにまた出てきます。「真俗二諦《しんぞくにたい》」と言いまして、根本の真理が真諦《しんたい》、あるいは第一義諦で、それに対して、それを世俗の言葉で表現したものが世俗諦《せぞくたい》、あるいは俗諦であります。その関係について、当時非常に活発な議論が行なわれまして、武帝もその論争に一枚かんでいます。「聖諦第一義」というのはこのような論争を踏まえていまして、いちばんの根本的な真理はいったい何なのか、という問いになるわけです。

それに対して達磨は、「廓然無聖《かくねんむしょう》」と答えます。からりとして何もないのが「廓然」でありまして、「聖」というような根本的な真理なんていうものはないのだという、それが「廓然無聖」です。いちばん最初の問答にしても、どういう功徳があるのかという武帝の問いに対して、達磨は「無功徳」と言って否定します。何が根本の真理かというのに対しては、「廓然無聖」、そんな真理なんてないのだ、という形で否定する。

さらに、もう一つ重ねて武帝が、「朕に対する者は誰《た》ぞ」と問うたのに対して、達磨は「識らず」と答えます。誰か知らない、という人を食った答えです。この三つの問答がセットになっていまして、そのうちの二つの問答が本則に出てくるのです。

ここで言われていることは、武帝は、自分では仏教を非常に保護していると思っている。お経まで講義して、仏教がわかったと思っている。しかし、本当の仏教というのは、そういうものではないのだ。それは世俗的な見栄でやっている仏教で、たくさんお寺を造っても、そんなのは見映えがいいだけのものである。仏教の根本とは関係ないのだ。「聖諦第一義」という仏教の根本真理をいろいろ議論しても、そんな議論は結局、議論のための議論にしか過ぎないのだ。本当の真理というのは、言葉のあれこれという詮索を超え、「廓然無聖」でなければいけないのだ、というわけです。

三番目の問答は、それに対する駄目押しみたいなことになるわけです。お前さんは誰なのかというのに対して、名前や肩書で問答しようというのか、そういうものを取り払わなくてはいけないのではないか。それが達磨の言おうとしていることだと考えられます。

武帝は仏教を保護しているけれども、いかにも自分が仏教を保護しています、自分は仏教がわかっています、というのが見え見えである。それに対して、それを一度ぜんぶ否定してしまわなければ、本当の仏教というものはわからない。そういう筋道を読み取ることができます。

それに対して「帝契《かな》わず」。武帝は、達磨の言っていることがわからなかった。そこで「達磨遂に江を渡って魏に至る」。達磨は揚子江を渡って、北のほうの魏の国に行ってしまった。そこで一段落、武帝と達磨との問答が終わります。

その次は、この問答に対する、ある意味では蛇足のようなものなのですが、もう一人の登場人物である志公という人が出てきます。志公というのは、「志」は「誌」という字も書きまして、宝誌《ほうし》という名で知られる武帝時代の伝説的な人物です。常識はずれの奇行をいろいろやって、そういう伝説があれこれ伝えられています。そういう人物をここで出してくるわけです。

こういうふうに見ていくと、話自体があまりにうまく作られすぎていて、明らかにフイクションであることがわかります。梁の武帝と達磨との問答も、唐の時代にだんだん形作られるようになってきたものです。最初のころは非常に単純だったものが、次第に複雑な構成を持つようになってきました。それが、ここでは、達磨と武帝だけでなくて、第三番目の人物として志公というのまで出てくるのです。

武帝は、達磨との問答が自分にはよくわからなかったので、あとになって志公にたずねた。志公が答えるには、陛下、この人をご存じですか、と。それに対して武帝は「識らず」、自分にはわからないと答えます。ここで「識らず」がまた出てきたのが、面白いですね。前のところでは、達磨が「識らず」と言っていました。今度は武帝が「識らず」と言うわけで、これは、ちょっとした遊びであるとも言えますし、もう少し深く考えると、達磨と武帝が意外にも一致していると考えることもできるわけです。公案にはときどき、そんなクイズ的なものが秘められています。

武帝が、自分にはわからない、と言いますと、志公が、この人は観音菩薩が「仏心印」、つまり仏教の根本の精神を伝えたものだと言うのです。「仏心印」の「印」というのは、ハンコを押すと、印のもとのほうと印の押されたものとが同じ形で現れます。それと同じように、正しく、そのまま受け継がれていくもの、それを「印」と言います。そのちに仏教だけではなくて武道とかでも、印可を与えると言われますが、その「印」というのは、もともとはそういう意味です。

志公の答えを聞いて、武帝ははじめて、そんなに偉い人だったのかと驚きます。そこで、後悔して、使いを遣わして連れ戻そうとします。ところが志公は、それに対して非常につれなく、そんなことをしてもだめですよ、陛下が使いを遣わして連れ戻そうとしても、国中の人がみんなで行って、戻ってきてくださいと言ったところで、彼はもう戻りませんよ、と突き放す。そういう構成になっています。

ドラマ仕立てで、一幕、二幕というか、最初は武帝と達磨で、そのあと、それを補うものとして、志公と武帝との問答になっていく。そういう二つの場面から成っています。もちろん、その中心は前半でありまして、後半の志公というのは、一種の狂言回しと言いますか、それに付け加わって出てくるものです。

このように解釈してきますと、この問答は、わけのわからない、いわゆる禅問答的な、理屈が通らない話ではないのです。これは非常に大事なことなのですが、『碧巌録』でも、より一般的に禅の公案と呼ばれるものでも、もともとの形は、多くは筋の通らない、わけのわからないことを言っているのではないのです。むしろ、非常に筋の通った、きちんと理屈に合ったことを言っているのです。多少仏教のことを知っていれば、常識的と言ってよいくらい明快なことを述べています。

ところが、それが公案として伝えられ、修行の手段として用いられていく過程において、もとの文脈が壊されてしまう。それが、圜悟が『碧巌録』を書くころの時代なのです。そのころになって大きな変化があり、公案に対する見方が変わってくるのです。そのことはあとで、別の例を挙げてお話ししたいと思います。

もう一点注意されるのは、公案というのは、ここに典型的に見られるように、現実にあった問答というよりは構成された一つのドラマと見るべきものです。とくに、このように長く伝えられてきたものは、長く伝えられていくうちにだんだん洗練されて、きわめて効果的な形で話が作られていくようになるのです。ですから、そういうものとして味わうべきものであろうかと思います。

先ほども言いましたように、第二則以下は、必ずしも順序がきちんとあるとは言えないのですが、第一則の場合は、これが本書のいちばん最初にくるのは、それなりに理由のないことではありません。禅の開祖である達磨が出てくるわけですから、そういう意味でも、まずいちばん最初に出てくる必然性があります。

それと同時に、達磨の相手も武帝という皇帝ですから、相手として不足がない。非常に重々しく、これから幕が開くという、いちばん最初にふさわしい問答です。しかも、皇帝と禅僧との関係というのは、その後、唐代から宋代へかけて、厄介な問題になってきました。もともと仏教は、南北朝ごろには、世俗的な政治権力からの独立性をかなり強く主張していました。出家者は皇帝を礼拝しなくてよい、というような主張が堂々となされていました。ところが、その後次第に社会体制の中へ組み込まれていきまして、皇帝に従属するような関係になっていきます。

しかし、宋の時代でも、少なくとも禅僧の気概としては、あくまでも皇帝をも超えるような意気さかんなところが一方にはある。他方で、当時の政治体制の側から言わせれば、そういう意気さかんな禅坊主を、なおかつ自分の体制下に置こうとする。これほど気概のある坊主が自分を支持しているのだ、というところを見せつけたい。そういう両者の緊張関係が、この時代においてもなおあるわけで、一面ではそれを反映するところのある問答とも言うことができるわけです。このように、公案は一見抽象的な議論のように見えますが、実は時代の社会情勢をも考慮しながら、いろいろな視点から読んでいくことができる面白さがあります。

以上、ひとまず本則について見てみました。圜悟の著語に入る前に、先に雪竇の頌のほうを見ておきましょう。

頌

以上の本則に対して雪竇が頌を付けているのです。それを読んでみましょう。


聖諦《しょうたい》廓然《かくねん》。

何当《いつのひ》にか的《てき》を辨《べん》ぜん。

「朕に対する者は誰ぞ」、
還《ま》た云う「識らず」と。
茲《これ》に因《よ》り暗《ひそか》に江を渡る、
豈《あ》に荊棘《いばら》を生ずることを免れんや。
闔国《こうこく》の人追うも再来せず、
千古万古空しく相憶う。
相憶うことを休《や》めよ、
清風地に匝《あまね》く何の極《きわ》まることか有る。

頌はそこまでなのですが、そのあとにさらに補足があります。

師左右を顧視《みまわ》して云く、「這裏《ここ》に還《は》た祖師有りや」。
自ら(答えて)云く、「有り。喚《よ》び来たりて老僧《われ》の与《ため》に脚を洗わしめん」。

頌は詩ですので、その詩が終わったあとに、さらに自問自答みたいなものが付け加わっている、そういう構成になっています。

最初のほうは、ほとんど本則を要約したような内容です。まず、「聖諦廓然《しょうたいかくねん》」と、本則のいちばん核心となるところを持ち出してきます。続けて、「何当《いつのひ》にか的を辨ぜん」。いつになったら、それをピタリと理解することができようか。あるいは、いつの日にか、ぜひピタリと理解したいものだ、という願望表現と取ることもできるものです。

「「朕に対する者は誰ぞ」、還た云う「識らず」と」。これも全く本則をそのまま繰り返したものです。「茲《これ》に因り暗《ひそか》に江を渡る」。これも本則のままです。

それに対して、「豈《あ》に荊棘《いばら》を生ずることを免れんや」と、コメント的な一句が入っています。達磨がやってきて、揚子江を渡って北の魏の国へ行った。そこで坐禅をして、やがて禅が中国中に広まることになる基を築くわけです。こうして達磨が中国に新しい教えを伝えたことを、逆説的に表現したものです。

荊棘を生ずるというのは、国が乱れることの象徴ですが、もっと具体的に、なくてもいい、ないほうがいい荊《いばら》の棘《とげ》を、いっぱい生えさせてしまった、と理解していいと思います。達磨が来て、余計なことをしてくれたじゃないか、荊棘を生じたことになってしまったではないか、というわけです。達磨が余計な問題を持ち込んでくれなければよかったのに、禅などという厄介なものを持ち込んでくれたおかげで、みんなが余計な苦労を背負わされることになった、という逆説的な表現です。禅のほうでは、こういう逆説的な言い方が好んで用いられます。

その次の一句も本則のままです。「闔国《こうこく》の人追うも再来せず」。そこで少し展開します。

「千古万古空しく相憶う」。大昔から永遠に達磨のことを慕っているけれども、達磨はもうやってこない、ということです。ここで、読者はあれと思う。当時の武帝、あるいは、梁の国のことを言っていると思っていたのですが、同時に、むしろ今日のわれわれが置かれている場の問題になっています。われわれは永遠の昔から、達磨の精神を体得しようと考えてきているが、それをなかなか体得することができないのだ、ということです。なんとか達磨の精神、つまり根本の真理――武帝との問答で言えば「聖諦第一義」――を理解したいが、どうしてもできない、それが「空しく相憶う」です。

それを、今度は一気に断ち切るわけです。「相憶うことを休《や》めよ」。達磨というのを、どこか遠くに離れている存在と考えたら間違っている。遠くにいるものとして、それを慕い、なんとか会いたいと思う、やってきてほしいと思う――そうではないのだと言うのです。遠く離れているものがやってくるのだ、という考え方は間違っている。真理は遠くにあるのではない、と。

達磨の話は、本則だけを読んでいると、舞台の上で演じられる芝居を観ているような感じだったので、われわれはなかなか面白い話だな、と他人事のように読んでいました。ところが、そうではなくて、ここで一気に現実のわれわれ自身の問題へと引き寄せられることになります。

ここで言われているのは、遠く去ってしまった、魏の国へと渡ってしまった人、それが達磨なのではない、ということです。あるいは、今日のわれわれから言えば、過去のずっと昔の人で、単に追憶するだけの、そういう存在ではないのだ。そういう形で、遠く離れたものと思う限り、「千古万古」、つまり永遠に空しく恋い慕うだけで終わってしまう、というのです。

「清風地に匝《あまね》く何の極まることか有る」。清らかな風は、この大地いっぱいに吹いているではないか。真理というのは、遠く離れたところにあるのではない。「清風」というのは真理そのもので、それはわれわれが立っているこの土地、この大地に、一面に吹き渡っているのです。

このように見てくれれば、頌で雪竇の言わんとしていることは明らかです。達磨の話を、われわれは最初は自分とは無関係の話として、面白い話だなと思って聞いている。ところが雪竇は、実はそうではないのだ、と言うわけです。遠く離れたものとして達磨を考えてはいけない。いま、ここで、真理そのものは、われわれのまさに生きている、この場に現前しているのだ、それを理解しなさい、と自分のところに一気に問題を引きつけるのです。これが雪竇の第一則の頌の、すばらしいところです。

そこで一応、頌が終わるわけですが、それに付け加えて問答がなされます。「師左右を顧視《みまわ》して云く、「這裏《ここ》に還《は》た祖師有りや」」。周りを見回して、祖師というのは達磨のことですが、ここに達磨はいるか、と。達磨は、遠くに過ぎ去ってしまった存在ではない。いまここで見つけなければならない、ここにいなければならないのです。

非常にご丁寧なことに、それに対して自分で「有り」と答えます。この自問自答は、修行僧に対して、説法の場でなされたものでしょう。自分の問いかけに誰も答えなかった。結局、誰も雪竇の切実な問いかけがわからなかったのです。誰も本当に、この問答を自分の問題として受け止めていなかった。そこで、結局、自分で答えるという形で、弟子たちに教えることになるのです。「有り」、ここにいるぞ、と言うわけです。

さらに、もう一言付け加えまして、「喚び来たりて老僧《われ》の与《ため》に脚を洗わしめん」。ここにいるのならば、達磨を呼んできて、自分の足を洗わせよう。本則や頌では、達磨というと、ともかく偉そうな人だったわけです。梁の武帝に対して、歯牙にもかけないような、非常に颯爽とした態度で北のほうへ去ってしまった。

すごく偉そうな存在なのだけれども、だからといって、自分は達磨より劣る存在だと見たら、だめなのです。その達磨に足を洗わせてやろう——達磨は偉そうなことを言っているけれども、自分も達磨と同等のところに立たなくてはいけない。あるいは、達磨を超えなければいけない。祖師というのを、偉い人だということで、ありがたがって拝んでいるという態度ではなくて、それを自分が乗り越えたというところに立たなければ、祖師の精神というものは体得できないのです。達磨をも乗り越える気概を持たなければいけない、ということなのです。

この頌は本則に対して、なかなかすぐれた頌です。一〇〇則もありますから、いい頌もありますし、なかには、つまらないというか、読んでもあまり面白くない頌もあります。これは、さすがにいちばん最初だけあって、非常に力がこもっていますし、本則をもう一つ超えて、この場における問題として捉え直している。達磨をさらに超えて、自分の精神を自由に発揮させようという、充実したところが見られると思います。

著語

このように本則と頌とがセットになっていまして、これが『雪竇頌古《せっちょうじゅこ》』という形でもともとあるものです。次の問題は、それに対して圜悟がどうコメントして、どう理解しているかということですが、これがなかなか厄介です。

まず著語を見てみましょう。本則にも頌にも著語はありますが、時間の制約もありますから本則に戻りまして、本則の著語のほうだけを見ていきたいと思います。著語というのは、文庫版で〔 〕で囲んだところで、それを見ていただければわかるとおり、本則の一句一句にコメントが付されています。つまり、一言一言に対して、それをどう理解するかという表明がなされます。

これから見ていけばわかりますが、問答に新たな登場人物として自分が加わっていく。それが著語です。武帝と達磨との問答であれば、その問答に対して自分も同じレベルで、あるいは、それを超えたレベルで批評していくことになります。つまり、頌のところで雪竇が示した方向を、さらに徹底していく、そういう態度をとるわけです。

少し見ていきますと、最初、梁の武帝が達磨大師に問うというところに、〈説《さ》も這《こ》の不喞𠺕漢《おろかなやつ》め〉と出ています。著語というのは非常に読みにくい。『碧巌録』の中でいちばんわかりにくく、解釈しにくい部分が著語です。一句一句、簡潔なコメントですので、いわば言葉足らずな感じで、何を意味しているのか、何を対象にして言っているのか、わからないことも多いのです。いちばん最初のも、「このおろかなやつ」というのが、武帝に対して言っているのか、達磨に対して言っているのか、解釈に二通りあります。この場合は、武帝に対して言っているものと見たほうが素直だろうと思います。

「如何なるか是れ聖諦第一義」に対して、〈是れ甚《なん》と繫驢橛《けろけつ》ぞ〉とあります。繫驢橛というのは、ロバを繫いでおく杭です。ロバ繫ぎの杭に縛りつけられているということで、武帝が「聖諦第一義」などという言葉にとらわれて、仏教の根本の精神が理解できないことを批判したものです。これは明らかに武帝を批判したものと見られます。

その次は、達磨の「廓然無聖」に対して、〈多少《かなり》の奇特と将謂《おも》いしに、箭《や》、新羅《しんら》を過ぐること、可煞《はなは》だ明白《めいはく》〉。よほど立派なことを何か言うのかと思っていたら、とんでもないところへ飛んでいってしまった。新羅というのは朝鮮半島の新羅《しらぎ》の国です。当時は地の果ての遠いところとして考えられていました。つまり、理解不可能なところまで飛んでいってしまった、ということです。武帝の問いに対して、立派なことを言ってくれるかと思っていたら、何かわけのわからないところに話が飛んでいってしまったということで、それが甚だ明白と言うわけです。

「帝曰く、「朕に対する者は誰ぞ」」に対して、〔満面慚惶《ざんこう》なるを強《し》いて惺惺《せいせい》。果然《はた》して摸索不著《さぐりあたらず》〕。達磨から言いこめられて、それに対して何も対応できなくて、顔中、恥ずかしさで真っ赤になりながら、それでも何かわかったふりをしている。はたして探りあてられず、やっぱりわかっていなかったぞという、ここは主に武帝に対する揶揄です。

著語というのは一種のヤジみたいなものと考えていいのです。公案の言葉を真正面からあまりにまじめに考えていくと、葛藤、つまり蔓草《つるくさ》に絡み取られて、身動きできなくなってしまう。そこで、著語ではもう少し軽く、ときどきいなしてみたり、ちょっとからかってみたり、おだててみたり、上げたり下げたり、いろいろやるわけです。そうすることによって、一句一句の言葉を解きほぐしていく。問答として、もともと全体でひとまとまりの、脈絡を持った話なのですが、その一つひとつの言葉を取り上げて、ああでもない、こうでもない、といちゃもんをつけて、解体して、ばらばらにしてしまう、それが著語の役割です。

ここまでの著語で武帝を批判するのは、問答自体の主旨からいってもストレートなわけですが、その次は達磨に対しても揶揄するような言い方です。「磨云く、「識らず」」

に対して、〔咄《とつ》。再来するも半文銭《はんもんせん》に直《あた》らず〕。「咄」というのは、コラッというような叱る言葉です。二度やっても半文のゼニにも値しないぞ、と言うのです。先ほど「廓然無聖」と、相手の問いをはねつけるような否定の答え方をした。また同じように、「識らず」という形で、否定的な答えをする。同じようなことを二度やっても、それは一文にもなりませんよという、これは達磨に対する揶揄です。

このように、圜悟が達磨と武帝との問答に加わって、その問答と同じレベルで楽しんでいるというか、自分も登場人物になって、同じレベルで自由に飛び回っていく。そして、相手をばかにしたりとか、褒めあげたりとか、それが著語の面白味です。

そのことは、もう一歩進んで言えば、読者に対して、あなたも加わりなさい、ということです。実際の場面としては、これが説法として行なわれるわけですから、その対象は、直接にはそれを聞いている修行者ですが、さらには、そればかりでなく、こういう形で読んでいる人に対しても、さあ、あなたは、それをどういうふうに受け止めるのか、という形で問いかけてくる。それが著語の位置です。

もう少し続けて見てみましょう。「帝契わず」には、〔可惜許《おしむべし》。却《かえ》って些子《すこし》く較《たが》えり〕。残念、もう一歩及ばなかった、という感じです。「達磨遂に江を渡って魏に至る」に対しては、〔這《こ》の野狐精《やこぜい》、一場の懡㦬《もら》を免れず。西より東に過《わた》り、東より西に過《わた》る〕。これもまた、達磨に対する揶揄です。野狐精というのは、「野狐禅」と言われるように、なま悟り、本当に悟っていないで、悟った格好だけ示すようなのが野狐精と言われるものです。達磨に対して、お前さん、何か偉そうな格好をつけているけれども、要するに格好だけじゃないか、結局のところ赤恥をかくだけじゃないか、というので、達磨をばかにしたような言い方です。恥をかくことが「懡㦬《もら》」です。「西より東に過り、東より西に過る」。達磨が南から北へ揚子江を渡っていったことを、あちこちフラフラして、何という恥かきなことを、とこれも達磨を貶めています。

「帝、後に挙《こ》して志公に問う」に対して、〔貧児旧債を思う、傍人眼有り〕。貧乏人が昔の借金のことを思いわずらっている、何とばかなことじゃないか。これは帝に対する批判です。行ってしまった達磨のことを、いつまでもくよくよ思いわずらっていることを言っているわけです。「傍人眼有り」は、岡目八目で、横で見ている人のほうがわかるぞ。つまり、志公のことです。

こんな具合に展開していきまして、今度は志公に対しても、上げたり下げたりという感じでやるわけです。それを一句一句考えていくと非常に面白いのですが、それをやっていますと時間がなくなってしまいますので、以下は省略します。

こういうのが著語です。著語というのは、そうやって問答に自分が加わっていく。そのことによって、タイム・トラベルというか、タイム・マシンを使うように、昔の問答をこの場に引きずり下ろしてくる。あるいは、古人の問答に自分のほうが割り込んでいく。もとの問答そのものを、ある意味ではめちゃくちゃに解体してしまう。そういう形で、もう一度、問答を全体として読み直し、自分の問題として捉え直していくのが著語のはたらきです。

評　唱

圜悟の本則に対する理解は、このように著語においても示されているわけですが、さらに、第一則は、圜悟にとっても非常に重要な位置付けを持つものです。その点は評唱に示されます。評唱は、先にも一部触れましたように、本則を理解するための注釈的なことが記されている箇所もあります。それと同時に、圜悟が本則をどう読み取るか、あるいはどう読み取れと言っているのか、その受け止め方を正面から述べている箇所もあります。そこを、もうちょっと踏み込んで考えてみたいと思います。

評唱の中で、「五祖先師嘗《かっ》て説く」というところをご覧ください。五祖先師というのは圜悟の先生で、五祖法演《ほうえん》(?—一一〇四)という人です。しばしば圜悟は自分の先生の説を引きます。ここでは、この先生の言ったこととして、次のような言葉を引いています。

「只《た》だ這《こ》の廓然無聖、若《も》し人透得《とうとく》せば、帰家穏坐《きかおんざ》せん。一等《おなじ》く是れ葛藤《かっとう》を打《だ》し、不妨《なかなか》に他《かれ》の与《ため》に漆桶《しっつう》を打破《だは》するに、達磨は就中奇特《とりわけすぐれ》たり」と。所以《ゆえ》に道《い》う、「一句参得し透れば、千句万句一時に透る」と。自然《じねん》に坐得断《ざとくだん》し、把得定《はとくじょう》す。古人道《いわ》く、「粉骨砕身《ふんこつさいしん》するも未だ酬《むく》ゆるに足らず、一句了然《りょうねん》として百億に超《まさ》る」と。

解釈しますと、最初の文は、「廓然無聖」という言葉を人が完全に理解しきるならば、それで最終的な境地に到達できるのだ、ということです。家に帰って自由自在というのが「帰家穏坐」で、本来の境地、自分の本来のあり方に立ち戻るということで、究極的な禅のあり方です。いろいろ求めてさまよい歩いてきたが、その段階を抜け出して、もう求めるものは何もない、自由自在の境地に至った、ということです。もし「廓然無聖」という言葉を完全に理解すれば、それが究極の境地で、それ以上ない、というのです。

「一等《おなじ》く是れ葛藤を打し」云々は、いろいろな偉い人が同じように、さまざまな言葉で真理へと導こうとしているが、そのなかで達磨がもっとも優れている、ということです。「葛藤」はすでに述べましたように、言葉で説くことです。「漆桶《しっつう》」というのは、文字通りには「うるしおけ」ですが、要するに、真っ黒で何もわからない状態を喩えます。われわれが言語の世界においてとらわれている、さまざまな分別の世界のことで、煩悩の状態と言ってもよいでしょう。その暗闇の世界を打ち破るために、いろいろな祖師たちが、いろいろと言葉を尽くしてわからせようとしてくれる。しかし、そのなかでもこの達磨の「廓然無聖」という言葉がもっとも優れている、というのです。

だから、「一句参得し透れば、千句万句一時に透る」。「一句参得し透れば」は、一つの言葉に徹底的に参入していく、その中に飛び込んで、そこを突き抜けることです。そこに飛び込んで突き抜ければ、「千句万句」、あらゆる言葉、あらゆる真理が、それによって突き抜けて、理解できるようになる。だから、「廓然無聖」さえわかればいい、それ以外、あれこれ探し回ることはないのです。そうすれば、おのずから「坐得断、把得定」という状態になる。「坐得断」というのは徹底的に坐り込むことで、「坐断」という形で熟語になります。どっかと坐り込んでてこでも動かない状態です。そして、究極の真理をしっかりと捉えたのが「把得定」です。

続いて、古人の言葉、「粉骨砕身するも未だ酬ゆるに足らず、一句了然として百億に超《まさ》る」を引きます。これは永嘉玄覚《ようかげんかく》(六六五―七一三)という人の『証道歌《しょうどうか》』の文句ですが、この『証道歌』もよく引かれるテキストです。骨身を砕いて肉体をすべて粉々にしたとしても、まだ祖師の恩、ここでは「廓然無聖」を示してくれた達磨の恩に報いるには足りない。だからこそ、「廓然無聖」という一言がはっきりとわかったならば、百億の言葉にまさるのだ、というわけです。

五祖先師の言葉は、「廓然無聖」という言葉がわかれば、禅のさまざまな真理表現がすべて理解できるということで、「廓然無聖」を絶対的なものとして提示します。これが、五祖から圜悟、さらにその弟子の大慧《だいえ》という系統において出てくる、非常に重要な公案の読み取り方です。必ずしも「廓然無聖」でなくてもいいのですが、まさに「一句参得し透れば、千句万句一時に透る」で、一つの言葉に徹底して参入するという修行方法がここで確立します。

「廓然無聖」というのは、先ほどの本則を読んでわかるように、当然「廓然無聖」だけで出てくるわけではなくて、ある文脈の中で、つまり、武帝との問答という文脈の中で、本来意味を持っていた言葉です。ところが、五祖から圜悟の捉え方というのは、その文脈の中から「廓然無聖」という一つの言葉だけを取り出すのです。取り出したその言葉を、一つの絶対的なものとして提示し、それを徹底的に解明できれば、すべて真理は明らかになると捉えるのです。「廓然無聖」について、評唱ではこうも言っています。

> 天下の衲僧《のうそう》跳《ぬ》け出せず。達磨《だるま》は他《ぶてい》の与《ため》に一刀に截断《せつだん》す。如今《いま》の人多少《おおい》に錯《あやま》って会《え》し、却《かえ》って去《ゆ》きて精魂《せいこん》を弄《ろう》し、眼睛《め》を瞠《みは》りて云く、「廓然無聖」と。且喜《おめで》たくも没交渉《まとはずれ》。

天下の禅坊主たちが飛び出せないところを、達磨は一気に「廓然無聖」という一言でぶった切った。「他の与《ため》に」というのは、武帝のために、と一応解していますが、さらに言えば、禅坊主たちのために、お前たちのために、つまりは私たちのために、と考えていいと思います。それを、いまの人はまったく誤解して、「精魂を弄し」、ものに憑かれたように、目をみはって、自分も達磨と同じような境地に達したつもりで、「廓然無聖」と言っているけれども、それは、まったく見当違いだというのです。達磨の言う「廓然無聖」と、いまの人が言う「廓然無聖」では、どこが違うのでしょうか。「廓然無聖」という一言を、どう理解したらよいのでしょうか。それがいちばん根本の問題として提示されるのです。

ここで、「如今《いま》の人」があちこちで「廓然無聖」を担ぎまわって、それでくたくたになっている様が述べられていますが、このように「一句」を取り出すことは、五祖から圜悟の系譜だけでなく、当時の禅林修行で広く行なわれるようになっていたことが知られます。五祖の系統は、それをもっとも洗練させ、方法的に確立したと言ってよいでしょう。

3　「無」の世界

趙州の「無」

さて、この「廓然無聖」に関しては、もう少し説明がいるかと思います。そこで、いささか回り道になりますが、それを理解するために、別のテキストから別の公案を取り上げてみたいと思います。それは『無門関《むもんかん》』の第一則です。『無門関』は『碧巌録』より成立が遅れ、無門慧開《むもんえかい》(一一八三―一二六〇)という人によって編まれたもので、四八則から成りますが、『碧巌録』に較べて説明が簡潔で、あくまで本則本位の修行用公案集という性格を強く持っており、日本では『碧巌録』以上に広く普及しました。岩波文庫にも入っています(西村恵信訳注)。その第一則は、岩波文庫の標題では「趙州《じょうしゅう》の狗子《くし》」(「狗子」は「くす」とも読む)とありますが、「趙州無字《じょうしゅうむじ》」とか、あるいは単に「無字の公案」とか言われて、禅門で親しまれてきたものです。

達磨と武帝との問答では、「廓然無聖」だけでなく、「無功徳」とか「不識」とかいう具合に、「無」や「不」という否定詞が出てきます。その否定詞の読み取り方をもっとも抽象化して提示したのがこの「無字の公案」で、やはり五祖から圜悟、大慧あたりの時代に確立し、公案禅の中心に置かれるようになります。まず、読んでみましょう。

趙州和尚、因《ちな》みに僧問う、「狗子《くし》に還《は》た仏性《ぶっしょう》有りや」。州云く、「無」。(岩波文庫『無門関』一九九四、二一頁。一部訓読を改めた)

これだけのものですが、今日でも禅寺に行くと、老師からいちばん最初にこの公案を与えられて、これに対して答えよ、と言われて苦しむことになります。

訳を見ますと、「或る僧が趙州和尚に向かって、「狗(犬)にも仏性がありますか」と問うた。趙州は「無い」と答えられた」というだけの非常に簡単なものですが、これは理屈から考えると、おかしい問答なのです。というのは、あらゆる生きものに仏性はあるはずです。仏教では、あるいは少なくとも中国や日本で普及した仏教では、そのように教えています。ですから、当然、犬にも仏性がなければならないはずです。ところが趙州は、それに対して「無」と答えた。理屈から考えると全くおかしいことなのです。このように、ここでは理屈が、日常の論理が超えられなければなりません。理屈を超えたところで、趙州の「無」をどう理解するか、そこに禅への入り口があります。『無門関』という書名からも知られるように、この「無」こそが関門なのです。

しかし、実はこの「無字の公案」の展開を見てみますと、最初から理屈を超えるものとして「無」が提示されているわけではありません。いま、試みにこの公案の古い形を示す『趙州録』を見てみましょう。『趙州録』は、この公案の主役である趙州《じゅうしゅう》従諗《じゅうしん》(七七八—八九七)の語録です。

問う、「狗子《くし》にも還《は》た仏性《ぶっしょう》有りや」。

師云く、「無し」。

学云く、「上《かみ》は諸仏に至り下《しも》は蝗子《あり》に至るまで、皆な仏性有り。狗子に什麼《なん》としてか無き」。師云く、「伊《かれ》に業識性《ごっしきしょう》の在る有るが為なり」。(秋月龍珉『趙州録』、『禅の語録』11、筑摩書房、一三二頁)

秋月氏の訳を見ますと、

問い、「犬にも仏性がありますか」。師、「ない」。修行者、「上は諸仏から下はあり、に至るまで、すべて仏性があります。犬になぜないのですか」。師、「彼に業識性があるからだ」。

「業識性《ごっしきしょう》」というのは難しい言葉ですが、「業識」という言葉は『大乗起信論《だいじょうきしんろん》』という本の中に出てきます。それによると、人間の迷いの世界のいちばん根本に無明《むみょう》というのがある。その無明によって生ずる迷いのいちばん最初の段階が「業識」だというのです。「業識」というのは迷いのいちばん原初的な形態と言ってよいわけです。そういう性質があるから、犬の仏性は認めることができない、というのです。根本的なところに迷いがある限り、それは悟りからは絶対的に隔たっている。いくら仏性があるなどと言っても、現にここに犬は迷いの存在として現存している以上、そんな理論は机上の空論に過ぎない、というのです。

これは、ある意味では非常によく筋が通ることです。犬をテーマとしていますけれども、この犬というのは、さらに言えば、人間と言い換えてもいいわけですし、修行者に即して言えば、その修行者自身です。したがって修行者の問いは、言い換えれば、私に仏性がありますか、という問いです。それに対して、お前なんぞに仏性はない、と趙州は答えた。そういうふうに理解してもいいわけです。もちろん、このように考えれば、これは過去のある時点での話ではなく、われわれ自身が、「お前などに仏性はない」と突きつけられているのです。

先ほどの武帝と達磨の問答とも似ているところがあります。武帝は仏教の理論はよくわかっていた。だから「聖諦第一義」というような、非常に難しい問題を提出してくる。この場合も、問いを提出した僧は仏教の理論はわかっていた。だから、あらゆるものに仏性があるということは知っている。そこで、何にでも仏性はあるんでしょうと、そのことを当然と思って問う。それに対して「無し」と言うのは、一般的な仏教の立場からみると、全く常識を否定するような答えです。これは『碧巌録』の第一則の問答でいえば、達磨の「廓然無聖」とか「不識」とかいう否定の答えと同じレベルと言うことができます。それに対して、問いを発した坊さんは、あくまでも理屈で迫るわけです。あらゆるものに仏性があると言っているではないですか、と。確かに理屈としてはそうなのです。

ところが、趙州の答えは、仏性といっても、そんなのは理屈にしか過ぎない。いくら仏性があっても、お前は現に迷っているじゃないか、どこまでも迷いから抜けられないじゃないか、というのです。迷いから抜けられなかったら、仏性があるなんて言っても始まらないじゃないか。いちばん根本のところで現に迷っていて、その迷いから抜けられない以上、仏性があると言っても、そんな仏性はおよそ何の意味もなく、何の役にも立たない。それが趙州の答えです。

お前は現に迷っているじゃないか、迷いの中にいるじゃないか。これは、問いを発した人に対する非常に厳しい追及です。そんな抽象的なレベルで議論するのではなくて、本当に修行して、体得しなければいけないのだ。それが趙州の言っていることです。

ところが、『無門関』で見ますと、いまの文脈が完全に抜け落ちてしまっています。「狗子《くし》に還《は》た仏性有りや」。州云く、「無」」という前半だけが残され、『趙州録』のもとのテキストではその先にあった、筋の通った議論が切り捨てられているのです。これでは、なぜ趙州が「無」と言ったか、その真意がわからなくなってしまう。これだけの問答が、修行僧に公案として突きつけられるのです。これでは修行僧は立ち往生してしまう。犬が本当は自分自身のことを意味しているとして、「私には仏性がありますか」

と問うたところ、「無い」とにべもなく突っ返される。これは厳しい。あとは自分で考えろ、というわけです。それに較べると、『趙州録』の趙州はいかにも親切です。こういう、修行者に対してかゆいところに手の届くような説明をして指導してあげることを、禅のほうでは老婆心《ろうばしん》、あるいは老婆心切《ろうばしんせつ》と言います。くどくどと、わかりきったこと、余計な言わずもがなのことまで言って、ご丁寧に過ぎる、という感じです。

「無」の変質

ところで、『無門関』における無門のこの公案の受け止め方を見ますと、さらにこの短い問答の中から、「無」という一字が切り離され、取り出されることになります。「無門曰く」として無門のやや長いコメントが付けられていますが、そこに、「只《た》だ者《こ》の一箇の無字、乃《すなわ》ち宗門の一関なり。遂に之れを目《なづ》けて禅宗無門関と曰《い》う」と言われています。『無門関』という書名そのものが、「無」という言葉から出ている。「一関」というのは関所、つまり修行者を通れなくさせる関所です。何とかしてそこを通り抜けなければ先へ進めない。しかし、そこに「無」という一字が、どっかと立ちはだかって通せんぼをしているのです。

無門の説明には、さらにこう言われています。

三百六十の骨節、八万四千の毫竅《ごうきょう》を将《も》って、通身に箇《こ》の疑団を起こして箇《こ》の無の字に参ぜよ。昼夜提撕《ていぜい》して、虚無《きょむ》の会《え》を作《な》すこと莫《なか》れ、有無《うむ》の会《え》を作《な》すこと莫《なか》れ。箇《こ》の熱鉄丸《ねってつがん》を吞了《どんりょう》するが如くに相い似て、吐けども又た吐き出さず。従前の悪知悪覚を蕩尽《とうじん》して、久々に純熟して自然《じねん》に内外打成《ないげだじょう》一片ならば、唖子《あし》の夢を得るが如く、只《た》だ自知することを許す。（岩波文庫版、二二頁）

西村氏の訳を読みますと、

三百六十の骨節と八万四千の毛穴を総動員して、からだ全体を疑いの塊りにして、この無の一字に参ぜよ。昼も夜も間断なくこの問題をひっ提げなければならない。しかも、決して虚無だとか有無だとかいうようなことと理解してはならない。あたかも一箇の真っ赤に燃える鉄の塊りを吞んだようなもので、吐き出そうとしても吐き出せず、そのうちに今までの悪知悪覚が洗い落とされて、時間をかけていくうちに、だんだんと純熟し、自然と自分と世界の区別がなくなって一つになり、唖の人が夢を見たようなもので、ただ自分ひとりで嚙《か》みしめるよりほかはない。

ここでは、「無の一字に参ぜよ」と言われています。『無門関』のように切りつめられた形でも、問答の中では、「無」というのはまだ問いに対する答えという文脈を持っていたのですが、ここではその文脈さえも解体されてしまいます。「無の一字」が問答そのものから切り離され、取り出されてくるのです。その「無」は、虚無の「無」でもない、有無の「無」でもない、と言われています。「虚無」とか「有無」とか言うとき、まだそこでは「無」はある意味を持っています。「有る無し」の「無し」で、「無い」という意味を持っているわけです。その意味を、「無」という言葉から剝ぎ取ってしまえ、というのです。これが無門の言っていることなのです。そうなれば、意味を失った「無」が「熱鉄丸《ねってつがん》」のようになって、吞み込もうにも吐き出そうにも、どうにもできなくなる。さあ、そこでどうする、というわけです。ここではじめて、理屈も意味も剝ぎ取った、どうにもならない世界に直面することになるのです。

実は『無門関』で言われているようなことを、まさに最初に言ったのが、圜悟の先生である五祖法演で、『法演語録』下の「上堂《じょうどう》」というところに出てきます。

又僧の問う有り、「狗子《くし》に還《は》た仏性有りや」。州云く、「無」。僧云く、「一切衆生皆《みな》仏性有り。狗子為什麼《なにゆえ》にか却《かえ》って無きや」。州云く、「伊《かれ》に業識《ごっしき》の在る有るが為なり」。

これは『趙州録』と同じように、後半が付いている問答ですが、その後に「師云く」として法演の言葉があります。それを見ると、まさに『無門関』にそっくりの解釈がなされています。

師云く、大衆《だいしゅ》、你《なんじ》諸人、尋常に作麼生《いかん》が会《え》すや。老僧、尋常に只だ無字を挙《こ》すれば便《すなわ》ち休《きゅう》す。若《も》し這《こ》の一箇の字を透得《とうとく》すれば、天下の人、你《なんじ》を奈何《いかん》ともせず。你《なんじ》諸人、作麼生《いかん》が透るや。還《は》た透得徹底《とうとくてってい》する底《こと》有りや。有れば則《すなわ》ち出来して道《い》い看《み》よ。我れ也《ま》た你《なんじ》が有と道《い》うを要《もと》めず。也《ま》た你が無と道《い》うを要《もと》めず。也《ま》た你が不有不無と道《い》うを要《もと》めず。你作麼生《いかん》が道《い》うや。珍重。

「さあ、お前たち、これを通常、どのように理解するのか。私は通常、無という一字を取り上げれば、それですべてだ。もしこの一字を徹底理解すれば、天下の人はお前をどうしようもない」。これは、第一則で「廓然無聖」に関して五祖が言っていた言葉と非常によく似ています。「無字」と言ってもいいし、「廓然無聖」と言ってもいい。どちらもまさに同じレベルの問題として取り上げられているわけです。

「お前たちは、どのように徹底理解するのか。完全に徹底的に理解しきる人はいるか。いるならば、さあ出てきて、お前の理解するところを言ってみよ」。ここで重要なことは、「道《い》い看《み》よ(言ってみよ)」と言っていることです。これは次回に詳しくお話ししますが、あくまで言葉として、それを言うことができなければいけないというのです。これが非常に大事なことなのです。

先ほども触れたように、禅というのは単に「不立文字《ふりゅうもんじ》」ではなくて、まさに言葉で言うことです。とくに公案の禅というのは、そういう態度を徹底して打ち出してくるのです。だから、言葉が非常に重要な問題になるのです。

その言葉とはどういう言葉かといいますと、「我れ也《ま》た你《なんじ》が有と道《い》うを要《もと》めず」以下で、「お前は「有」と言ってもいけない。「無」と言ってもいけない。「不有不無」と言ってもいけない。そこでお前はどう言うのか。それではさようなら」。

これでは取っ付きようもありません。通常、有と無が対として考えられます。有か、無か、です。もう一つ言い得ることとしたら、有とか無とかというレベルを超越しなければいけないということで、そこに不有不無と言うことが可能だと考えられるわけですが、それでもだめだと言うのです。ここでは、有と無と不有不無と言うことで、通常の言語において論理的に可能な表現をすべて提示してしまっている。それは、すべてだめだ。言い得る言葉をすべて奪い去って、なおかつ、それでもお前はどのように言うことができるのか、というのですから、むちゃくちゃです。それが五祖の問いかけです。

有とか無とかという言葉は、ここでは意味を持った言葉であると言っていいでしょう。

有というのは、有るという意味を持っています。無というのは、無いという意味を持っています。不有不無と言えば、排中律を無視しているように見えるけれども、有るとか無いとかというのを超越することと考えれば、あくまで意味を持った言葉として表現されているのです。

しかし、五祖の言うのは、そういう意味を持った言葉ではなくて、そこから意味を剝ぎ取ってしまう。そして、「無」というのを、意味を剝ぎ取った言葉として提示している。そのときに、意味を剝ぎ取った言葉というのは、いったい何なのか。それが、提示された問題になるのです。

禅の言葉

もちろん、こういうふうに解釈すること自体、一つの言葉での解釈に過ぎず、意味を剝ぎ取ったはずなのに、またそれに意味付けを与える愚を繰り返すことにもなるのですが、私は、このように、言葉の問題を中心に公案を読み取ってみたいと思うのです。これから『碧巌録』を一つの代表として、禅の言葉を読んでいきますが、そこでいちばん中心になる問題として、言葉ということに焦点を当ててみようと思います。

通常、われわれは言葉というものを日常的に使って生活しています。われわれは言葉を使って話して、お互いに了解できる。そこで、言葉の世界というものがつくられるのです。われわれは日本語でしゃべり、お互いに日本語で理解する。しかし、ぜんぜんわからない言葉をいきなり話しかけられても、そこにはコミュニケーションが成り立たないわけです。そこでは共通の理解は成り立たなくなってしまう。それでも通訳可能と考えるところに、理解の可能性が見出されるのですが、通訳も翻訳も成り立たないとしたら、そもそもそれを言葉と認定することができなくなってしまう。

このように、われわれは言葉というものを介して共通の世界を持って、そこで文化というものが形成されてくる。だから、言葉はすべての文化の根本です。しかし逆に、その言葉があることによって、言葉にとらわれることになってしまう。仏教的に言えば、そこに煩悩もまた成り立つことになります。

たとえば、あるものに対して名前を付けることによって、それがある対象として措定される。措定されることによって、それを欲しいとか、いやだとか、われわれの行為、感情の対象ともなっていくわけです。名前を付け、言葉を持つということは、われわれの文化にとって非常に重要なことではあるけれども、言葉が常に固定されたものとして捉えられてしまったときに、逆にそれが人間を縛るものになっていく。それを一度、ぜんぶ解きほぐしてみよう。それが禅の言葉なのです。

これは次回、もう少し進んでお話ししますが、もともとインドの仏教では、その場合、言葉を超越するということを言います。言葉の世界を超越してしまうから、だから、悟りというのは言葉では捉えられないものだ、と言われます。禅でも「不立文字」というのは、同じ考え方に立っています。言葉で捉えられないところに、悟りがあり、真理があるというわけです。

しかし、『碧巌録』などで読み取られる禅の言葉、いま挙げたような、法演から圜悟あたりによって完成される公案の読み取り方、言語の理解というものは、そのように言葉を超えてしまったところに悟りを求めるのではなくて、その言葉の中に、日常的な言葉と違う言葉を読み取るというか、言葉を使って、われわれの日常的な言語の虚偽性、虚構性というものを明らかにして、それを解体していく。そういうはたらきを言葉に持たせるのです。

「無」であるとか、あるいは達磨の「廓然無聖」とかいうのは、日常的な言葉を打ち壊す、あえて言えば一種の巨大なエネルギーなのです。ビルを解体するときに、大きい鉄の玉でドカーンとやるような感じで、まさに言葉そのものによって、言葉を破壊してしまう。そういう力を持ったものとして、「無」とか「廓然無聖」とかいう言葉を提示してくるのです。

第一則の達磨と武帝の問答にしても全く同じことです。もともとある文脈を持ち、その中で、「廓然無聖」という言葉も意味を持っていたのですが、圜悟の段階になると、意味を剝ぎ取って、その「廓然無聖」という言葉を、逆に意味的な脈絡を打ち壊す言葉として使っていく。そういう、言葉に対する理解の転換が起こっているのです。それが、圜悟における言語理解の非常に重要な点です。

その辺のところから、『碧巌録』を読み解いていくことができるのではないかというのが、私の読み方です。それでうまく読み取れるかどうか、これはなかなか難しくて、あまりその解釈だけ一本槍で進むのも無理かもしれません。しかし、少なくともそのような視点を核に据えることによって、わけのわからないものと考えられていた禅の言葉が、決してただナンセンスなだけではない、ということがわかっていただけるかと思います。もっとも、そのような作業は、いったん意味を剝ぎ取った言葉を再び意味の世界の中で了解しようという、きわめて矛盾した、圜悟の意図とは反対のことをすることになるわけで、いわばわれわれは、その矛盾と緊張の中に立たされることになるのです。禅の言葉は、どう読んでも、われわれを決して第三者的な、客観的な立場に置かせてくれないのです。

時間をオーバーしてしまいました。次回はもう少しこの点を補足した上で、さらに言葉の問題を正面に据えた第二則を読んで、理解を深めることにしましょう。

第二講　禅の言語論

1　言語における意味の剝奪

記号論からの接近

前回、最後のほうで、一般的に禅の言葉をどういうふうに捉えたらいいかということを少しお話ししましたが、時間がいっぱいになってしまいました。そこで、そのことを多少補った上で、それが実は今日の第二則の問題に直接関わってきますので、第二則に進みたいと思います。

ここに立川健二さんと山田広昭さんという方の『現代言語論――ソシュール フロイト ウィトゲンシュタイン』(新曜社、一九九〇)という、言語論・記号論の入門書がありますので、その一節を見てみましょう(同書、二〇―二九頁)。こうした考え方が、禅の言葉を考えていく上でぴったりくるところがあるように思いますので、これを手がかりに考えてみます。そこで言っていることを一部読みながら要約してみましょう。

いちばん最初に「記号とはなにか」という問いかけがありますが、たとえば、「か」という字を見てみましょう。「か」というのは、日本語の文法の体系のなかで、一つの意味を持っています。助詞としては疑問の意味を持ちますし、名詞としても、虫の

「蚊」を意味したりする。そういう意味を持っているものを、記号と呼びます。

　ところが、記号というのは、日本語なら日本語という、意味の体系のなかではじめて意味を持ちうるものです。たとえば、

　かかかかかかかかかかかかかかかかかかかかかかか

という具合に「か」がたくさん並んでみると、さあこれはいったい何なのでしょうか。つまり、「か」という字が文脈から外れて、その意味を失ってしまう。そのとき、この「か」というのは何でしょう。何かわけのわからない、正体不明な不可思議な存在として現れてきます。

　ここには、前回お話ししました「無」と似たようなところがあります。もともと「無」というのは、「ない」という意味を持っている。「無功徳」なら、功徳がないという意味を担っています。ところが、その文脈そのものが破壊されることによって、もともと持っていた意味が崩壊してしまう。そのことによって日常的な世界が崩壊してしまう。その崩壊に直面させること、それこそが禅の言葉のはたらきであると考えることができると思います。

　再び『現代言語論』に戻って、次のような一節を見てみましょう。

こんなふうに、記号というものは、もともと確固たるものとして、必然的に存在しているわけではない。ひょっとしたはずみに、われわれは記号を記号として認識する日常の習慣を喪失して、うすきみわるい〈無意味〉の世界の露呈に遭遇することがある。要するに、記号というのは、不変不動のものではなく、生まれたり壊れたりするものなのだ。だから、ソシュール以降の現代の先鋭な記号学者たちは、記号のシステムがあらかじめ存在しているという事実の自明性を疑って、記号と意味の生成・解体のプロセスを解明しようとしているのである。記号・意味の生成・解体のプロセスは、シニフィアンスと呼ばれる。〈シニフィアンスの記号学〉の代表的理論家は、フランスのジュリア・クリステヴァである。(同、二六―二七頁)

われわれが自明のこととしている記号の体系、意味を持った世界の体系というものは、固定してあるものではなくて、それ自体が非常に流動的なものです。ある場面で出来上がってきて、また、ある場面ではそれが解体していく。その流動性のなかから、固定した体系のなかでは捉えられない世界の姿を見ていくことができるのではないか。そういう考え方です。私は、禅における言語のはたらきというのは、これに近いものを持っているのではないかと考えています。

「生成・解体」という言い方をしていますが、それが完全になくなってしまうと、それでは全くの無秩序になってしまう。そうではなくて、一方では意味を持った体系がありながら、もう一方でそれが流動化していく。そのきわめて微妙なところを問題にしていく。そんなふうに考えられます。そのあたりが、第二則を見ていく場合に、一つのポイントになります。

二元論の解体

これも前回、最後のほうで触れた問題ですが、このように見ていきますと、言語表現が可能な、つまり意味を持った世界と、それを超越した言語表現が不可能な世界と、単純に二分化するという考え方は成り立たなくなるだろうと考えられます。

二世界説というか、二元論というか、これは仏教を説明する場合によく取られる一般的な論法です。つまり、一方では表現可能な世界がある。これは、われわれの日常的な世界であって、そこには意味を持った言語がある。もう一方では、それを超えたところに悟りというものがある。これは言語では表現できない、体験するほかはない世界だというのです。言語表現が可能な世界のあり方、あるいはそういう言語表現のことを世俗諦(俗諦)と言い、それを超えた絶対の世界のことを第一義諦(勝義諦・真諦)と呼ぶ、そういう言い方も、しばしばなされています。これは二諦説と呼ばれますが、そのことは、第一則の「聖諦第一義」と関連して少しお話ししました。

そのもっとも典型的な説は、インドの龍樹《りゅうじゅ》(ナーガールジュナ)という仏教の大哲学者が書いた『中論《ちゅうろん》』という有名な本に見え、特にその中の観四諦品第二十四というところが重要です。『中論』というのは、サンスクリット語のテキストもありまして、詩の形で述べられています。それは非常に簡潔ですので、通常注釈が添えられます。次に引く二行も、その本文では詩の形になっています。ここに挙げるのは、もともと龍樹の書いたものを漢訳したもので、言葉の使い方など、多少ずれるところがありますが、基本的にはサンスクリット語のテキストと同じ内容です。

若《も》し俗諦に依らざれば　第一義を得ず
第一義を得ざれば　則《すなわ》ち涅槃《ねはん》を得ず

俗諦は世俗諦です。世俗諦、すなわち言語的な表現によらないと、第一義の悟りの世界は理解されない、体得されない。第一義の世界を体得しないと、涅槃に達することはできない、ということです。

このことを、漢訳にしか残っていない注釈書(青目釈《しょうもく》)では、次のように説明しています。

第一義は皆な言説に因《よ》る。言説は是《こ》れ世俗なり。是の故に若《も》し世俗に依らざれば、第一義は則ち説くべからず。

第一義、すなわち体験の世界、悟りの世界は、言葉によって説かれるものである。言葉というのは、世俗的な日常的世界で用いられるものである。だから、日常的な世界で用いられる言葉によらないと、第一義の究極的な真理は説くことができない、というのです。

ここでは、このように、究極的な真理は言葉によって説かれるものであるとは言っているのですが、しかし、あくまでも言葉は世俗の領域のものとされています。つまり、ここで考えられている言葉というのは、日常的世界で用いられる、したがって、あくまでも意味を担った言語です。第一義である究極の真理は、言葉によって説かれながら、あくまでも言葉を超えたものとして考えられています。世俗諦と第一義諦をめぐっては、インドでもいろいろ議論がありまして、必ずしも簡単にはいかないのですが、一応そういうふうに分けることができます。

このように、インドで言われる仏教の言語は、基本的に意味を担った言語です。つまり、記号的な言語です。それによって、言葉を超えた真理は、ある程度、指し示すことはできるけれども、しかし、究極の真理そのものは、体得されるよりほかはないのだと考えられるわけです。

これはしばしば禅のほうでも言われることですが、言葉は月をさす指であるという喩えが用いられます。その指のはたらきは、あそこに月があると指し示す役目をするところにあるので、それによって教えられた人が、なるほどあそこに月がある、とわかれば、それで指の役目は終わるわけです。ところが間違えて、あれが月だと言ったときに、月ではなく指先のほうを一所懸命見て、それが月だと思ったら、これはとんでもない誤解です。言葉も同じように考えられます。あくまでも真理をさす指のはたらきをするものであって、真理がわかれば言葉はもう不要になってしまいます。つまり、言葉は道具に他なりません。そして、真理そのものは、その道具である言葉を超えたところにあると考えられるのです。

ところが、公案の展開のなかで発展してくる禅の言葉は、そういう単純な二元論を否定してしまう。言葉そのものが、意味を指示するという機能を失って、先ほど解体とか生成とかという言い方をしましたが、その言葉のはたらきそのものが、われわれが日常的に当たり前と考えられているところから動き出して、新たなはたらきを示すようになるのです。そうなってくると、単純に真理を指すための道具とは言えなくて、言葉そのものが新しい、日常性を超えた世界そのものの出現を意味するようになってくると考えられます。

2　趙州の最高の道(第二則)

いささか抽象的な言い方をしましたが、そのあたりのところを、第二則を具体的に読みながら考えてみたいと思います。これも垂示《すいじ》から読んでみます。

垂　示

垂示に云《いわ》く、乾坤《てんち》窄《せば》まり、日月星辰一時に黒《くら》し。直《たとい》饒棒は雨の如く点《ふ》り、喝《かつ》は雷の似《ごと》く奔《はし》るも、也《ま》た未《いま》だ向上宗乗中の事に当得せず。設使《たとい》三世の諸仏も、只《た》だ自知すべし。歴代の祖師も、全提し起《き》ず。一大蔵教も、詮注《せんちゅう》し及ばず。明眼《みょうげん》の衲僧《のうそう》も、自らを救い了《え》れず。這裏《ここ》に到って作麼生《そもさん》か請益《しんえき》せん。箇《こ》の仏の字を道《い》えば、拖泥帯水《たでいたいすい》。箇《こ》の禅の字を道《い》えば、満面の慚惶《ざんこう》。久参の上士は、之《これ》を言うを待《ま》たず。後学初機は、直《た》だ須《すべか》らく究取《きわ》むべし。

「作麼生」は、文庫の上巻では「そもさん」と古い訓を踏襲しましたが、中巻あたりから「いかにか」と読み換えをしました。いろいろ試行錯誤をしていますから、読み方も上巻、中巻、下巻と見ていくと、少しずつ変わってきているところがあるのです。上巻のうちは硬い読み方をしているところがあります。その点、統一が取れていないのですが、やむを得ないこととしてお許しください。

前回も言いましたように、垂示というのは必ずしも本則と直接ぴったり結びつくものではありません。第二則の垂示は、一夜本という古いテキストでは、第一則の垂示になっています。おかしなことですが、このように垂示は、必ずしもその則の内容とぴったり合っているわけではなく、どこに入ってもいいようなところがありまして、全体的に本則を読んでいく心構えのようなものを提示していると考えればいいわけです。

天地が狭まり、太陽や月や星が一度に真っ暗になってしまう。天変地異とでも言いましょうか。われわれが当たり前と思っている日常の世界が崩れてしまう。そのときに、いったいどうしたらいいか。

「直饒《たとい》棒は雨の如く点《ふ》り、喝《かつ》は雷の似《ごと》く奔《はし》るも」。棒と喝というのは、禅の師匠が弟子を指導したり、また自分の境地を示すのによく用いるもので、棒で打ったり、喝を食らわせたりするのです。特に「徳山の棒、臨済の喝」と言われて、徳山という人は棒使いの名人であり、臨済という人は喝で知られています。

棒とか喝をさかんに食らわせたとしても、仏法の根本のところを、まだぴたりと体得したとは言えない。「向上宗乗中」は、最高の仏法の根本のところです。「向上」というのは、いわゆる向上するという意味ではなくて、最高という意味で、最高の禅の立場、仏教の根本とも言うべきものです。

「三世」は、過去・現在・未来ですが、そのような全時間にわたるあらゆる仏たちも、ただ自分たちでわかっているだけで、それを教えるすべもない。歴代の禅の祖師も、その境地のすべてを提起することはできない。「一大蔵教」、すなわちたくさんあるお経も、究極のところはあらわしきれない。「明眼《みょうげん》の衲僧《のうそう》」、すなわちすばらしい眼のある禅坊主であっても、自分自身を救いきることができない。「向上宗乗中の事」は、そのように非常に奥深いところなのです。

さあ、そういうところで、どのように教えを請うたらいいのか。「仏」と一言いえば、もう泥まみれ、「禅」などと言おうものなら赤恥だ。長いあいだ修行を積んでいる人はともかくとして、「後学初機」、勉強を始めたばかりの新参者は、ここのところを見てとりなさい、というわけで、いかに禅の究極のところが容易に到達できないかということを、あれこれ言葉を尽くして言っているわけです。

本則

では、本則を見てみましょう。著語《じゃくご》は除いて、本則だけ読みます。

挙《こ》す。趙州《じょうしゅう》、衆に示して云《いわ》く、「至道難《かた》きこと無し、唯《た》だ揀択《けんじゃく》を嫌う、と。纔《わずか》に語言有《あ》れば、是れ揀択《けんじゃく》、是れ明白《めいはく》。老僧は明白の裏《うち》に在らず。是れ汝還《は》た護惜《ごしゃく》する也《や》無」。

時に僧有り、問う、「既《すで》に明白の裏《うち》に在らずんば、箇《こ》の什麼《なに》をか護惜《ごしゃく》せん」。

州云く、「我《われ》も亦た知らず」。

僧云く、「和尚既に知らずんば、為什麼《なにゆえ》にか却《かえ》って明白の裏《うち》に在らずと道《い》う」。

州云く、「事《じ》を問うは即ち得《よ》し、礼拝《らいはい》し了《おわ》らば退け」。


簡単に内容を見てみましょう。第二則の主人公は趙州《じょうしゅう》です。この人は前回、無字の公案で出てきました。禅の公案では非常に親しまれている人物で、『碧巌録』の中にもさかんに出てきます。この人については、圜悟《えんご》の評唱《ひょうしょう》で、「這《こ》の老漢は、平生棒喝を以て人を接せず、只だ平常の言語を以てするのみなるに、只だ是れ天下の人奈何《いかん》ともせず」と言われているように、棒とか喝とか、先ほど出てきたような、禅の師匠が弟子を指導する場合にさかんに用いるような手段を使わず、平常の言葉をもって指導したというのです。だから、一見すると簡単そうに見えますが、「天下の人奈何ともせず」、それを天下の人たちが、どうすることもできなかったのです。当たり前の言葉を使っているのですが、日常的な常識にとらわれている人たち、通常の言語にとらわれている人たちには、手のつけようがない。そういう自由なはたらきを示した人なのです。まさに日常の言葉が日常の意味を離脱していくのであり、公案の主人公としてうってつけの人物ということになります。

さて、その趙州が修行者たちに教えて言うには、「至道難きこと無し、唯だ揀択《けんじゃく》を嫌う」。これは原文では「至道無難《しどうぶなん》、唯嫌揀択《ゆいけんけんじゃく》」(「無難」は「むなん」とも)ですが、この原文の形でもよく使われる有名な言葉です。これは禅宗の第三祖、つまり達磨から数えて三代目の祖師の僧璨《そうさん》(?—六〇六)という人の作った『信心銘《しんじんめい》』という詩の一節です。僧璨というのは伝説的な人物で、実際にどのような人であったか、よくわかりません。したがって『信心銘』にしても、本当に彼の作ったものかどうか、いろいろ問題はあります。しかし、ともかく、のちの禅においてよく親しまれてきたものの一つです。ここに引用されたのは、その冒頭の一句です。

至道難きこと無し、唯だ揀択を嫌う
但《た》だ憎愛莫《な》ければ、洞然《とうねん》として明白なり
毫釐《ごうり》も差《たが》うこと有れば、天地懸《はる》かに隔《へだ》たる
…………

と、ずっと続いていきます。本則からは離れますが、ちょっとこの部分だけでも見ておきましょう。

「至道無難」。「至道」というのは、究極の道、究極の悟りのことです。それは、決して難しいものではない。「唯嫌揀択」。取捨分別すること、あれこれ区別して、あれがいい、これがいいと、そういうのが「揀択」です。このように取捨分別することを嫌う。だから、取捨分別さえしなければいいのだ。そうすれば、究極の道に達することができるのだ、というのです。

「但だ憎愛莫ければ、洞然として明白なり」。取捨分別して、あれは憎い、これは愛しい、これは好きだ、あれは嫌いだという、そういう区別をつける。これが日常的なあり方ですが、それがなくなりさえすれば、からりとして明々白々、すべてが明らかになった境地に達する。「洞然として明白なり」は、悟りの境地と言ってもいいわけです。

「毫釐も差うこと有れば、天地懸かに隔たる」。ごくわずかでも、その境地からずれてしまうと、究極の悟りからは天地ほども隔たったものになってしまう。つまり、取捨分別を離れることの重要性を言っているのです。言語による区別の世界を超えて、言語的な区別のない悟りの世界に入ることを教えたもので、先に触れたような二元論的な発想に基づいていています。その点でわかりやすいと言いますか、常識的にも理解しやすいものです。ところが、この本則で、趙州はこれをもう一ひねりするのです。その辺がわかりにくくなっているとともに、第二則のポイントはそこにあると言っていいのです。

最初の「至道無難、唯嫌揀択」というのは、『信心銘』の冒頭をそのまま引用しているので、改めて特別のことはありません。その次に、「纔《わずか》に語言有れば、是れ揀択、是れ明白」と言っています。揀択を、ここでは「語言」と言い換えています。揀択というのは、分別して、あれが好きだ、これが嫌いだという感情的なものまで含みますが、趙州は、それをあくまでも言語のレベルに持ってくるのです。好き嫌いというのも、まず言語的にあれとこれという区別が立てられてはじめて成り立つ。ですから、言語というものがもっとも根源に考えられるわけです。人間の問題を言語論に還元するのは、すでにインドの中観派《ちゅうがんは》から見られるところですが、禅においてもその方向が受け継がれ、きわめて先鋭的な形で言語論が展開されるのです。

たとえば、ここにある本というものを考えてみましょう。本が本として成り立つためには、本以外のものと区別されることが必要です。本は鉛筆でもなく、ハンカチでもなく、そうした他のものと区別されることによって、はじめて本と認識されるのです。言葉というものは、あるものを別のものと区別するというところに成り立ってくるのです。よく言われることですが、日本語では「米」と「ご飯」を区別しますが、英語ならばどちらも rice で区別がありません。日本人は「雪」として一言で片づけてしまうものを、イヌイットの言葉ではたくさんに区別して、それぞれ別の言葉を当てる。このように、言葉による区別が明晰な認識のもとになっているわけです。これを仏教では分別という言い方をします。

憎いとか愛しいとかいう感情も、区別があってはじめて起こるものです。あるものを他のものから区別することによって、はじめてそれだけに特別の感情が付着するわけです。そういう区別がなくなってしまえば、何が好きとか、何が嫌いとかいうことも起こり得なくなってしまいます。そういう感情が起こってくる、その大本、根源は言語による区別にある。それが、ここでの趙州の重要な認識になっているのです。ちょっとでも言語というものが生じたときに、すでに揀択が起こっていることになるのです。『信心銘』では、「毫釐《ごうり》も差《たが》うこと有れば」という言い方をしていましたが、ここでは「纔《わずか》に」（……するやいなや）と言われています。ちょっとでも言語的な区別というものが生じるやいなや、それは揀択の世界に陥ることになるのだ、というのです。

そこまではわかるのですが、それにもう一つ、「是れ明白」と付けています。これが、『信心銘』から一歩発展したというか、いささかずれてきたところになります。『信心銘』では「洞然として明白なり」と言っており、それは憎愛がなくなった悟りの境地です。これこそ理想のあり方で、それを「明白」と言っています。ところが、ここでは趙州は、「明白」を「揀択」と同じレベルに置いています。わずかでもそういう言葉があれば、それは揀択であり、明白である、と言っています。ここでは明白というのも、否定されるものになってしまいます。

先ほど、言語の二元論ということを言いましたが、その立場では、一方に分別の世界というのがあり、それを超えるところに明白の悟りの世界がある。そういう区別を立てて、だから、分別を離れれば悟りの世界へ達するのだということになります。ここでは、そういう単純な理解が否定されます。分別がなくなって、さあ、これが悟りだというふうな、そんな悟りは本当の悟りではありえません。

「明白」というのは区別がなくなった世界のはずですが、よく考えてみますと、こうした言い方自体が「明白」を「揀択」から区別しています。「揀択」と区別するところにはじめて「明白」が成り立つのです。そうであれば、その「明白」というのも、すでに区別の世界に陥っていることになります。それもまた揀択というわけです。言語論にこだわらずに、もう少し砕いて言えば、「明白」というのは、これこそ悟りだという、いかにも悟りくささとでも言いますか、悟りを売り物にするような態度だとも言えます。そんな態度も、もちろん否定されなければなりません。そう考えれば、「明白にあらず」はそれほど理解困難ではありません。

続けて趙州は、「老僧は明白の裏《うち》に在らず。是れ汝還《は》た護惜《ごしゃく》する也無《や》」と言います。「自分は明白などというところにもいないぞ」と言うのです。揀択とか明白とか、そんなところを自分は超えている、明白という境地さえも超えているのだ。それなのに、お前たちは何を物惜しみしているのか、と修行者たちに問いかけるのです。自分は明白というのを超えている。そして、明白というのは超えられなければならないものなのに、お前たちは、まだ悟りというものがどこかにあると思って、それを一所懸命、後生大事に抱え込んでいるじゃないか。こっちが悟りで、こっちが迷いだという、そういう区別そのものを捨ててしまわなければならない、というのです。

そのとき、一人の修行僧がそこにいました。なかなか勇敢な修行僧で、趙州に向かって厳しい質問をします。「既に明白の裏《うち》に在らずんば、箇《こ》の什麼《なに》をか護惜せん」。明白というものを超えてしまったなら、何か物惜しみするなんていう、惜しむべきもの、後生大事にするようなものなんか、何もないんじゃないですか。それなのに、何を物惜しみするのですか、と。これは、もっともな質問です。明白という立場を超えてしまえば、もう物惜しみするようなものはなくなってしまう。この坊さんの問いは、その意味ではもっともなものです。自分だってそのくらい言われなくてもわかっている、というわけです。非常にまじめで、論理的な発想をする坊さんです。

それに対する趙州の答えは、ふるっています。「我も亦た知らず」。自分も、そんなものは知らない。何を後生大事にするのか、後生大事にするものは何なのか、自分も、そんなものは知らない。そこで修行僧は、「和尚既に知らずんば、為什麼《なにゆえ》にか却《かえ》って明白の裏《うち》に在らずと道《い》う」。お師匠さんは、自分でも知らないと言っているのに、どうして明白のところにもいないなどということが言えるのですか。分別を超えたのなら、明白なんていうこと自体がなくなってしまう。そうすると、明白というところにいないということも、なくなってしまうはずです。

これもまた、非常にもっともです。痛いところを衝いている。明白を超えたと言えば、明白ということと、明白を超えたということとの区別が出てきてしまいます。明白を本当に超えていれば、明白というところにいないということさえも言えなくなるのではないか、という非常にもっともな質問です。

それに対して趙州は、「事《じ》を問うは即ち得《よ》し、礼拝し了《おわ》らば退け」。お前さんの問いは、なかなかいい。質問はご立派だけれども、一つお辞儀をして、それで帰りなさい、と、にべもなく追い払ってしまう。何となく話の筋が通ったような、通らないような、変な問答です。その辺のところを、もう少し立ち入って考えてみたいと思います。

ここでのいちばんのポイントは、趙州が衆に示した言葉です。「ちょっとでも言葉を用いるやいなや、取捨分別であり、明白である」と言っていながら、「私は明白というところを超えてしまったぞ」と自分自身、言葉で言っているのです。これがおかしいわけです。言葉をちょっとでも言ったならば、それはもうだめだ、と言っていながら、趙州は、自分は明白なんていうところにいないぞ、ということを言葉で言っているのです。それ自体が矛盾した言い方です。自分が、否定しているはずの言葉を使って言っているのです。

それに対して修行僧が問い詰めるのは、もっともです。明白というところをも超えたら、物惜しみをするもしないも、そんなものはなくなってしまうはずだ。言葉というものを超えてしまうわけだから、あれとか、これとかという分別、ものの区別がなくなってしまう。そこでは区別もないし、物惜しみをするとか、しないとかということも、なくなってしまうはずです。この修行僧の問い詰め方は、そういう意味では適切だと言えます。

それに対する趙州の答えは、非常にとぼけています。何を物惜しみするかなんて、私も知らないよ、と言うのです。これは無責任というか、むちゃくちゃな答えです。僧の二度目の問いも、たしかに筋は通っている。知るとか知らないとか、明白だとか明白でないとかという境地を超えているはずなのに、「明白の裏に在らず」と言葉で言っているではありませんか、と問い詰めているのです。その問い詰め方は非常によく筋が通っています。でも、趙州はそのように筋の通る、論理的な言語の世界にはいないのです。僧はそれがわかっていない。

それに対して趙州の答えは、あとのほうもめちゃくちゃで、お前さんの質問はいいけれども、それでおしまいだから下がりなさい、というもので、ぜんぜん答えになっていません。このように、趙州の答えの、答えになっていないところが非常に重要なのです。趙州は、こういう言い方をすることによって、われわれの日常の言語体系というものを壊してしまっているのです。われわれの意味のある言葉というのは、基本的に言えば、矛盾がないということが重要であって、矛盾のあることを言ったら支離滅裂になってしまいます。矛盾律が日常言語の論理の根本に置かれる理由です。

ところが趙州の言葉は、ぬけぬけと矛盾したことを言っています。ちょっとでも言葉を言えば、もうそれはだめだ、と言っていながら、自分は言葉の世界にはいないぞ、と言葉で言っている。そのこと自体が、矛盾した言葉を使っているのです。趙州は自分で矛盾することによって、体系的に固定された、日常的な意味を持った言語の世界というものを壊してしまう。先ほどの言い方をすれば、流動化させるわけです。

趙州の言っている言葉は、それ自体は意味がわかる言葉です。たとえば、「老僧は明白の裏に在らず」という言葉は、それだけ取ればはっきり意味が通じます。しかし、よくよくその意味内容を考えてみると、ぜんぜんナンセンスで、前後矛盾している。あえて前後矛盾した、ナンセンスなことを言うことによって、その言葉が入っている体系そのものを打ち壊していく。矛盾した言葉というのは、その言語の体系自体を打ち壊す巨大なエネルギーを持った言葉なのです。

先ほど言語の生成・解体と言いましたが、完全に言語を超えてしまって、とんでもないところへ飛んでいってしまうわけではありません。一方で言語は意味を持ち、意味的な世界に繋がりながら、もう一方では、それ自体において、その意味的な世界を壊していく。趙州の言葉は、そういう二重性を持っているのです。

ところで、ここで「纔に語言有れば」と言っていますが、「纔」は、「……するやいなや」という意ですから、言葉というものがそこで出来上がり、そこで壊れていく、その瞬間です。わずかでも言葉が生まれた瞬間に、それは揀択であり、明白になる。言葉がない世界と、言葉がある世界の、まさにその隙間のところを、「纔に」と言っていると考えることができます。そこに目をつけるのです。その隙間のところに趙州は立って、言葉によって言葉そのものを壊し、流動化させていく。そういうことを果たしているのです。

「我も亦た知らず」は、まさに第一則の「不識」と同じです。「不識」も、「廓然無聖」も、「我亦不知」も、まさにこの「わずか」のところに立つ言葉です。意味を失い、そのことによって思いもしなかった世界が露呈する。そこにわれわれは立ち会わされるのです。これは恐ろしいことです。だが、問いを発した僧はそのことがわかっていなかった。論理、論理で押しつめていく。それによって、結局は趙州に追い返されることになるのです。

著　語

この言語の問題は、『碧巌録』を読んでいく際のポイントとなるところですので、これからまた、折に触れながら立ち返ることとして、いまは著語に進むことにしましょう。著語は第一則の場合と同様、圜悟が趙州や僧の言葉やはたらきを、褒めたり、けなしたりしているのですが、それを見ていきましょう。

「趙州、衆に示して云く」で、〔這《こ》の老漢什麼《なに》をか作《な》す。這《こ》の葛藤《かっとう》を打すること莫《なか》れ〕。このおやじ、いったい何をやらかそうというのか。ややこしい言葉を言わないでくれ。単純な話を、やたら複雑に、わけのわからないようにしてしまっているじゃないか。一面、批判するような言い方をしながら、実は趙州のはたらきを褒める。これは、著語の基本的なパターンです。

「至道難きこと無し」に対して、〔難に非ず易に非ず〕。難しくないというから、容易かというと、そうは問屋が卸さない。難とか易とかということを超えなければならない。これは比較的、常識的な言い方です。

「唯だ揀択を嫌う」に対して、〔眼前是れ什麼《なん》ぞ。三祖猶《な》お在り〕。目の前にあるのは何だ。三祖がいるぞ。僧璨の『信心銘』の言葉を引用しているのですから、三祖がここにお出ましだという感じでしょうか。

「纔に語言有れば、是れ揀択、是れ明白」に対しては、〔両頭三面。売弄《ひけらか》す少《なか》れ。魚行《およ》げば水濁り、鳥飛べば毛落つ〕。「両頭三面」は、二つ頭があって三つ顔があるというわけで、あっちを向いたり、こっちを向いたり、どこに正体があるのかわからない。あっちに行ったり、こっちに行ったり、いかにも偉そうに、ひけらかすんじゃないよ。「魚行《およ》げば水濁り、鳥飛べば毛落つ」は、言葉というものを使えば、つまり、「語言有れば」というところを言っています。言葉を使うと、そこには自ずから濁りが出てくるし、鳥が飛ぶときのように毛が落ちる。煩悩が出たり、いろいろ余計なものが出てくるのだ。これは多少説明的な著語です。

「老僧は明白の裏に在らず」に対しては、〔賊身已《ぞくしんすで》に露《あらわ》る。這《こ》の老漢什麼処《いずこ》に向ってか去《ゆ》く〕。盗賊の姿が現れたぞ。このおやじ、いったいどこへ行こうというのだ。「老僧は明白の裏に在らず」と趙州がぬけぬけと言ったその一句を、まさに適切に評したものです。「賊身已《すで》に露る」は、一見悪口のようですが、並大抵のものではない、これは大したやつだ、という一種の褒め言葉になるのです。

「是れ汝還《は》た護惜する也《や》無」に対しては、〔敗れたり〕。してやられたぞ。〔也《ま》た一箇半箇有り〕。少しはできるやつもいるぞ。一箇半箇というのは、一人や半人ということですが、きわめてまれな、できる人を言います。多少はできるやつがいるぞというのは、次の僧のことを指すわけです。

「時に僧有り、問う、「既に明白の裏に在らずんば、箇の什麼《なに》をか護惜せん」」に対しては、〔也《ま》た好《よ》し一拶《いっさつ》を与《あた》うるに。舌を上齶《うわあご》に拄《つ》く〕。「一拶」というのは一突きで、こんなやつには一突き食らわせてやれ。そうすれば、舌が顎にくっついて、ものが言えなくなるぞ。こんな生意気なやつは、やっつけてやれ。

「州云く、「我も亦た知らず」」に対して、〔這《こ》の老漢を拶殺《やりこ》めんとせしに、倒退三千〕。僧が趙州をやっつけようとしたところ、三千里も逃げてしまったぞ。趙州が「我も亦た知らず」と言うのを、逃げ足の速いやつだ、と評したものです。

「僧云く、「和尚既に知らずんば、為什麼《なにゆえ》にか却って明白の裏に在らずと道《い》う」」に対しては、〔看《み》よ、什麼処《いずこ》に向ってか走り去《ゆ》く。逐《お》って樹《き》に上《のぼ》り去《ゆ》かしめん〕。この僧は、ますます趙州を問い詰める。問い詰めて、それで趙州が追い込まれてしまうかというと、趙州はうまく逃げて、木に登ってしまって、捕らえようがない。一介の僧には、とても捕まらないぞ。

「事《じ》を問うは即ち得《よ》し、礼拝し了《おわ》らば退け」に対して、〔頼《さいわい》に這《こ》の一著《いって》有り。這の老賊〕。うまい具合に、この一手があった。なかなかうまいことを言うぞ。このしたたかな悪党め、という感じでしょうか。

著語の付け方というのは、だいたいこんな感じのパターンで、趙州に対して、けなしながら、けなすことによって、実は趙州を認めるというやり方なのです。こういうのが、基本的な著語のやり方です。これで、本則の著語はひとまずいいかと思います。

頌

第二則は、本則のもとの公案と圜悟の立場にはそれほど大きな違いはありません。ですから評唱で、とくにここがポイントというほど、それによって読み方が大きく変わってくるところは、あまりありません。ただ、頌《じゅ》を読みますと、本則をもう少し補っていくような重要なところが出てきますので、引き続いて頌を見てみたいと思います。著語を抜いて読んでみます。

至道難きこと無し、
言端語端《げんたんごたん》。
一に多種有り、
二に両般《ふたとおり》無し。
天際に日上《のぼ》り月下《くだ》り、
檻《てすり》の前に山深く水寒《つめた》し。
髑髏《どくろ》識尽《しきつ》きて喜《き》何ぞ立《おこ》らん、
枯木龍吟《こぼくりょうぎん》して銷《き》ゆるも未《いま》だ乾《かわ》かず。
難《かた》し難し。
揀択と明白と、君自ら看よ。

最初のところは、本則の言葉、『信心銘』の言葉そのままで、「至道無難」ということを提示しています。ところが、その次が違っています。本則は『信心銘』と同じで、揀択を嫌う、取捨分別をしてはいけないと言うのですが、ここでは逆に、「言端語端」、言葉の端々、一つひとつの言葉、それがそのまま至道だというのです。前は言葉があってはいけないのだと言っていたのですが、そうではなくて、一言一言の、その言葉にこそ真理が現れているのだ、あるいは、真理そのものだと言うのです。

これは正反対のように見えますが、先ほど言ってきたところからおわかりのように、実は正反対ではありません。本則で言っているのも、日常的な言葉を壊したところにある、そのような言葉を提示するわけですし、ここで言われている言葉の端々というのも、日常に普通に使っている一言一言ではなくて、その言葉が、その根底において解体し、生成していく、その場面、そこを言うのです。このように見れば、一見、正反対のことを言っているようなのですが、実は同じことに過ぎないのです。

「一に多種有り」は、一というのは至道で、至道という究極のところは一つのようだけれども、言葉の端々という面から言うと、あれもこれもという具合にたくさんになる。たくさんになるからといって、たくさんあるのかというと、そうではなくて、「二に両《ふた》般《とおり》無し」で、二つのものは、二つ別々ではないのだ。それは至道というところで一つになるのです。

「天際に日上り月下り、檻《てすり》の前に山深く水寒《つめた》し」。天の極みのところ、地平線に日が上り、月が下る。檻というのは、欄干とでも言えばいいでしょう。その向うを見ると、山はずっと奥深く続き、川の水は冷たい。これは大自然のことを言っているのですが、似たような言い方は禅でしばしばなされます。自然そのままが悟りの世界だとか、われわれの日常がそのまま悟りの世界だとか、よく言われますし、そういう言い方が必ずしも間違っているわけではありません。けれども、だからといってそれを日常の目で見ているだけでよいというのではありません。日が上り、月が下る、山深く、水が冷たい――それもまた、われわれが日常的に見ている場面、日常的な意味付け、それを取り去ったところで見ないといけないのです。

われわれは、日常的に太陽が上ったり、月が出たり入ったりというのを見ます。「山深く水寒し」というのも、都会では日常的に体験できないことかもしれませんが、少し都会を離れれば、そういうことは実際に体験できることです。われわれの生活では、日常的なもののなかで、こうした自然現象にもまた意味付けが与えられています。日が上れば朝がくる、日が入れば夜がくるというように、日常の意味付けの体系の中に自然現象も組み込まれてしまうのです。それは、いわば生活の文脈の中に取り込まれた自然でしかありません。

ここで言っているのは、そうした日常的な意味体系の中に組み込まれた自然から、意味を抜き取って、天地をもういっぺん見直してみようということです。言葉だけではなくて、自然現象だって、あらゆることが、われわれの日常性の体系の中へ入り込んでしまっているのです。それを壊していくことは大変な作業です。その作業を、言語だけでなくて、あらゆる場面において遂行し、意味体系を壊していかなければいけない。そうして現れた世界が、「天際に日上り月下り、檻《てすり》の前に山深く水寒し」ということになるわけです。

次が非常に重要です。「髑髏識尽きて喜《き》何ぞ立《おこ》らん、枯木龍吟《りょうぎん》して銷《き》ゆるも未だ乾かず」。何だか難しくてわけがわからないみたいですが、とりあえず意味だけ言いますと、髑髏となってしまえば、人間の意識のはたらき、精神活動、認識作用がすべてなくなってしまう。喜というような感情も、そういうところではなくなってしまう。枯れ木が風で唸りを生ずることです。枯れ木が唸りを生ずるのは、枯れ木そのものの生命は消えているけれども、まだ完全には乾ききっていない状態です。

この二句は、これだけだとわけがわからないのですが、圜悟の評唱の中にもととなる話が示されていますので、ちょっと見ておきましょう。

僧香厳《きょうげん》に問う、「如何《いか》なるか是《こ》れ道」。
厳云く、「枯木の裏《なか》の龍吟《りょうぎん》」。

僧云く、「如何なるか是れ道中の人」。

厳云く、「髑髏《どくろ》の裏《なか》の眼睛《めのたま》」と。

僧、後に石霜《せきそう》に問う、「如何なるか是れ枯木の裏の龍吟」。

霜云く、「猶《な》お喜を帯ぶる在《なり》」。

「如何なるか是れ髑髏の裏の眼睛」。

霜云く、「猶《な》お識を帯ぶる在《なり》」と。


こういう問答があって、それを踏まえているのです。

道というのは何なのか。それは、枯れ木が唸りを生ずるようなものだ。では、そういう道においてはたらきを示す人のあり方はどうかと言うと、髑髏の中の目の玉のようなものだ、と。これだけでは、何だかよくわけがわからないので、そこで僧はのちに石霜という人にたずねました。「枯れ木の中の唸りと言っていますが、どういうことですか」。石霜が答えるには、「まだ感情というものが少し残っている状態だ」。「では、髑髏の中の目の玉とは何ですか」。石霜の答え、「まだ意識、心の活動が、少し残っている状態だ」。ここでは、喜とか識とかいうものがまだ残っている状態を言っています。

この話はまだ続きます。簡単に見ておきましょう。

僧は、まだよくわからなかったので、そこで、曹山《そうざん》にたずねた。「如何なるか是れ枯木の裏の龍吟」。山云く、「血脈断《た》たず」。まだ少しは血が流れているぞ。「如何なるか是れ髑髏の裏の眼睛」。山云く、「乾き尽《き》らず」。まだ完全には乾ききっていないぞ。枯れ木が唸っている。枯れきって、生命がないのだけれども、生命のないはずのところで、まだ何か唸りがある。わずかに、何かそこにある。

先ほど本則で、「わずか」というところがポイントだと言ったのですが、完全になくなったはずなのだけれども、なくなったはずのところに何か残っている。髑髏には目の玉はなくなってしまっています。ところが、なくなったはずの目の玉が、まだ何かはたらいている。そのわずかなところ、ないはずのところ、それでもそこで動いている何か。そこがポイントなのです。

これは、言葉の世界、日常の世界との関係で言えば、日常の世界が解体し、言葉の世界が解体していく。しかし、だからといって、それを超越した、ぜんぜん違う世界へ飛んでいってしまうわけではない。言葉が解体して、解体しきったところで、なおかつ何か微妙に動いている。その微妙なところを指し示していると言ってもいいと思います。

僧と曹山との問答はまだ続きます。

僧がさらに問います、「什麼人《なんぴと》か聞くことを得る」。誰がそのような「枯木の裏の龍吟」を聞くことができるのですか。「枯木の裏の龍吟」を表に出した問答ですが、「髑髏の裏の眼睛」も含意されていると考えてよいでしょう。曹山の答え、「尽大地《じんだいち》未《いま》だ一箇《ひとり》も聞かざるもの有らず」。あらゆる人が誰でもみんな聞いているのだ。僧がさらに尋ねます、「未審《そも》、龍吟とは是れ何の章句ぞ」。いったい、龍吟とはどんな文句を唸っているのですか。曹山の答え、「是れ何の章句なるかを知らざれども、聞く者は皆な喪《し》す」。どんな文句か知らないが、聞いた人は皆な命を失うことになるぞ。

これは恐ろしい。でも、誰でも聞いていながら、聞く者は皆な命を失うというのは、ちょっと矛盾しているようです。しかし、そうではないことはおわかりでしょう。それほど恐ろしい声を誰でも聞いていながら、その本当の恐ろしさに気が付かないのです。その恐ろしさに気が付かないところに、日常性が築かれているのです。

頌に戻りましょう。「髑髏識尽きて喜何ぞ立《おこ》らん」。先ほどの香厳や石霜の話では、識があるとか喜があるとか言っていたのですが、この頌では、識もなく、喜という感情もなくなっている。みんななくなったのだけれども、それでもそのなくなったところに、なおまだ何かある、その何か。あるいは、枯れ木が唸りを生ずることによって、枯れ木は本当は乾いているのだけれども、それでもまだ完全に乾ききらないで、そこに何か残っている。まさにそのぎりぎりのところ、それが本則の「わずか」なところであり、つまり、言葉が解体していくけれども、完全になくなってしまうわけではなくて、ぎりぎりのところで有も無も壊れてしまうのです。まさに、「聞く者は皆な喪《し》す」の領域です。

簡単に二元論的な言葉を使って言ってしまえば、言語可能な世界と言語不可能な世界

――その二つが分けられる接点のところに目をつけた。それが、ここで言っている枯木の龍吟、髑髏の眼睛なのです。そのぎりぎりの両者の隙間にぐいぐいと割り込んでいくことによって、確固としているように見えた両者の切れ目が怪しくなってしまう。これは最初に挙げたような記号論的な言い方をすれば、まさに言葉の意味が解体していくところで、でも、だからといって言葉がなくなってしまったり、どこかの世界へ飛んでいってしまうのではない。解体していくはたらきそのものを、徹底的に追い詰めていくのです。そこに、禅におけるきわめて強靭で先鋭的な言葉への意識がうかがわれます。

雪竇《せっちょう》はここまで頌を付けてきて、最後に、「難し難し。／揀択と明白と、君自ら看よ」と、老婆心切的な言葉を添えます。ここまで見てくれば、どのように「難し難し」であるか、おわかりでしょう。「聞く者は皆な喪す」の恐ろしさに戦慄すること、それはまさに、「君自ら看よ」であり、もはや飛び込んでみる他ないのです。

3　言語をめぐる問答

「至道無難」の展開（第五七、五八、五九則）

頌の著語や評唱は省略して、ここでは、このような言葉への先鋭的な問題意識が、『碧巌録』の他のところにも出てくるので、それについて触れておきましょう。とくに

「至道無難」の公案は、第五七、五八、五九則という連続した三つの則にも出ており、この問題を考える鍵となるものです。いずれも趙州が主人公で、趙州がいかに言葉の問題に固執していたかわかります。第五七則を見てみましょう。


僧、趙州に問う、「「至道は難きこと無し、唯だ揀択を嫌う」と。如何《いか》なるか是れ不揀択」。

州云く、「天上天下、唯我独尊」。

僧云く、「此れは猶《な》お是れ揀択」。

州云く、「田厙奴《でんしゃぬ》、什麼処《いずこ》か是れ揀択」。

僧、語無し。


ここでも趙州の言っていることはむちゃくちゃです。ある坊さんが趙州にたずねます。「「至道は難しいことはない、ただ揀択さえなくせばいいのだ」と言っていますね。では、揀択のないところ、不揀択というのは、どういう境地ですか」と。それに対して趙州の答えは、「天上天下、唯我独尊」。これは、お釈迦様が生まれたときに言ったという言葉として有名です。自分こそいちばん根本だ、自分こそ究極に達しているのだ、自分こそ不揀択のところを体得しているのだ、というのです。それに対して、その僧は、「此れは猶お是れ揀択」と追及します。「天上天下、唯我独尊」なんていう言い方は、それ自体、揀択である。言葉で区別して、自分こそ偉いのだと言っているのですから、完全に揀択と言わなければなりません。

ところが、趙州はそれに対して、「田厙奴《でんしゃぬ》」と一喝する。これは相手を罵る言葉で、この愚か者、という感じです。「什麽処《いずこ》か是れ揀択」、いったいどこが揀択なのだ。いかにも、ぬけぬけと言ったという感じで、常識的に考えれば、僧のほうがよほど正しいはずです。ところが趙州は、自分で「天上天下、唯我独尊」なんて言っておきながら、その矛盾を追及されたときに、いったいどこが揀択だと開き直って、相手を叱りとばしている。それに対して僧は答えようがない。そういう展開になっています。

これは第二則とまったく同工異曲です。趙州の答えの「天上天下、唯我独尊」というのは、それ自体、たしかに意味がある言葉です。自分こそ不揀択のところに立っているのだ、という意味を担っています。不揀択というのが、本来は言葉を離れたものであるとすれば、言葉で表現したのは揀択であって、趙州は完全に自己矛盾をしています。

しかし、この場合も、あえて自己矛盾を犯すことによって、矛盾がなくて成り立っているはずのわれわれの言語の世界を、その一言によって打ち壊してしまうのです。ですから、この「天上天下、唯我独尊」も、第二則の「老僧は明白の裏に在らず」と全く同じです。それに対する僧の立場は、なるほど一応もっともではあるけれども、もっともの世界を超えることができないというところに、致命的な限界があると言わなければなりません。

第五八則は、ちょっと趣を変えています。

僧、趙州に問う、「『至道は難きこと無し、唯だ揀択を嫌う』と。是れ時人の窠窟《かくつ》なりや」。

州云く、「曾《かつ》て人の我《われ》に問う有り、直得《ついい》に五年分疎不下《ときあかしきれざる》なり」。

ある坊さんが趙州にたずねた。「至道無難、唯嫌揀択」と言っていますが、これは、いまどきの人たちのたむろする洞穴ではないですか。当時、この文句が、いろいろな禅坊主によって、ああでもない、こうでもないと言われていたことを証明しています。「至道無難、唯嫌揀択」という言葉があるために、修行僧たちがみんな迷って、あれこれ言っている。この言葉は、悟りに向かわせるどころか、修行僧たちの迷いのもとではないか、というのです。これはもっともなことです。

それに対して趙州は、自分はその問題をたずねられたことがあったが、五年間申し開きができないままだ、と。「分疎」は、釈明すること、弁解することです。第二則でも、趙州はぬけぬけと、「我も亦た知らず」などと言っていましたが、ここでも、「そう言われると、わしもずっと弁解できないまま困っている」と、匙を投げたようなことを言っています。いかにも逃げたような、はぐらかしたような言葉ですが、それにだまされると恐い。雪竇の頌で、この言葉を「無味の談」と言っています。この言葉はもと『老子』に出るもので、真の道は感覚的な味わいを超えた深いものだということですが、禅でよく使われ、ここではむしろ文字通り、味も素っ気もない、というニュアンスで取っていいだろうと思います。何の味わいもない言葉——それはまさに意味を失って投げ出された言葉です。とすれば、これも他での趙州の答えとそれほど隔たったものではありません。

同じ言葉は第五九則でも取り上げられています。

僧、趙州に問う、「「至道は難きこと無し、唯だ揀択《けんじゃく》を嫌う。纔《わずか》に語言有るや、是れ揀択なり」と。和尚は如何《いか》に人に為《おし》うるや」。

州云く、「何ぞ這《こ》の語を引き尽《つく》さざる」。

僧云く、「某甲《それがし》は只だ這裏《ここ》に念じ到るのみ」。

州云く、「只だ這《こ》れぞ至道は難きこと無し、唯だ揀択を嫌う」。

「纔《わずか》に語言有るや、是れ揀択なり」と、『信心銘』そのものとは多少違いますけれども、そこまでは引用と考えられます。「この文句を和尚さんはどのように人に教えているのですか」と尋ねられて、趙州は、「断片だけではなくてその言葉をぜんぶ引きなさい」と答えています。

これは一見すると、『信心銘』の頭の部分だけ引っぱってきているから、『信心銘』をぜんぶ言いなさい、というように見えますが、そういうことではありません。お前の言っていることは、単なる文字づらでしかない、その文字づらの奥にある言葉まで、その中身をぜんぶ引き出してみなさい、ということです。

それに対して僧は、「自分はここまでしかおぼえていません」と答えます。これは文字通りに取ったわけです。『信心銘』の、ここまでしか自分はおぼえていません、と。それに対して趙州は、「だからこそ、まさに「至道無難、唯嫌揀択」ということなのだ」と、同じことを繰り返しています。僧が考えたように、『信心銘』の先のほうをダラダラと引用しなさいということではない。要は、「至道無難、唯嫌揀択」という、そこに極まるのだ。その根底のところこそを明らかにしなければいけないのだ、と指導しているのです。

このあたりは、いかにも趙州の指導者ぶりという感じで、そういう点で言えば、やや説明的というか、啓蒙的という感じがしないでもありません。しかし、ともかく「至道無難、唯嫌揀択」ということが、当時いかに問題になっていたか、そして、趙州がそれをいかに重要視していたか、ということがうかがわれます。

さらに考えてみれば、「至道無難、唯嫌揀択」という言葉そのものが、すでにその段階で、言葉を使って「唯嫌揀択」ということを言っているわけですから、その中に矛盾を含んでいるのです。趙州がそれを引き出す前に、それ自体が、すでに言葉を解体している。ただ、三祖の『信心銘』そのものは、そのことを自覚していないわけです。趙州は、その矛盾をあえて表へ引っぱり出し、そのことによって、矛盾なく行なわれていると思われる世界の言葉をひっくり返していく。そういうやり方を取っているのです。以上、有名な趙州の「至道無難」の公案について、少し詳しく見てみました。

咽喉と口とをふさいでどう言うか（第七〇、七一、七二則）

ところで、言葉の体系をひっくり返すことは、いろいろなやり方で『碧巌録』の中に出てきます。その中にはなかなか面白いものもありますので、それを取り上げてみます。第七〇則から第七一則、第七二則の三則は、文庫版では中巻と下巻に分かれていますが、一連のものです。これらもまた、わかったようで、わからないような、おかしな問答です。まず第七〇則を見てみましょう。

潙山《いさん》・五峰《ごほう》・雲巌《うんがん》、同《とも》に百丈《ひゃくじょう》に侍立《じりゅう》す。

百丈、潙山に問う、「咽喉《のど》と唇吻《くち》を併却《ふさ》いで、作麼生《いかに》か道《い》わん」。
潙山云《いわ》く、「却《かえ》って請う、和尚道《い》え」。
丈云く、「我は汝に道《い》うを辞せざるも、已後《いご》我が児孫を喪わんことを恐る」。

先のほうも一緒に見ておきますと、第七一則では五峰が答えます。

百丈復《ま》た五峰《ごほう》に問う、「咽喉《のど》と唇吻《くち》とを併却《ふさ》いで、作麼生《いかに》か道《い》う」。
峰云く、「和尚も也《ま》た須《すべか》らく併却《ふさ》ぐべし」。
丈云く、「人無き処に斫額《しゃくがく》して汝を望まん」。

次に、第七二則は雲巌の出番です。

百丈又た雲巌《うんがん》に問う、「咽喉《のど》と唇吻《くち》とを併却《ふさ》いで、作麼生《いかに》か道《い》う」。
巌云く、「和尚有り也未《や》」。
丈云く、「我が児孫を喪えり」。

いずれも百丈の同じ問いに対して、お傍に控えていた潙山、五峰、雲巌の三人がそれぞれ自分の見地を答えたというものです。百丈の問いは、それ自体随分むちゃくちゃなものです。「咽喉《のど》と唇吻《くち》を併却《ふさ》いで、作麼生《いかに》か道《い》わん」、つまり、咽喉と口をふさいで、どう言ったらいいのか、というのです。咽喉と口をふさぐということは、つまりものを言えなくさせることです。ものが言えないようにしておいて、さあ、どういうふうに言うか、とたずねるわけです。これも、ずいぶんナンセンスな問いで、ひどい話です。何も言えないようにした上で、さあ言え、さあ言え、と言っているのです。

ここでもまた、日常言語の論理を解体することが求められています。日常的な意味のある言葉、そういう言葉の世界をはみ出したところで、さあ、どういうふうに言葉を用いたらいいのか。そういう問いかけと理解できます。矛盾し、あえてナンセンスなところに飛び込むことによって、言葉の見えなかったはたらきが新たに生まれてくる。それが、咽喉と口をふさいで、ものを言うということです。

それに対して、潙山はどう答えたかというと、拍子抜けがしてしまいます。「却って請う、和尚道《い》え」、和尚さん、あなたが言ってください、と。これはうまく逃げた言い方です。まず、和尚さんが一言、言ってください。百丈のほうが上だから、百丈を試したという言い方はうまくないかもしれませんが、百丈に下駄を預けるわけです。

百丈の言葉もふるっています。私はあなたに言ってあげてもいいけれども、そうしたら、自分のこれからの弟子たち、ずっと続いていく禅の流れを、ぜんぶ失ってしまうことになる。弟子が自分で苦労して解決すべきもので、師匠が答えを教えてしまったら、弟子たちは何もしないでいいのだから、堕落して、本当の禅の流れは絶えてしまう、というのです。これはこれで筋が通ってはいます。しかし、結局百丈も肝腎のことは言わないわけです。どちらもうまく逃げたようで、肝腎のことは言わないで終わってしまったようです。でも、はたしてそうでしょうか。

一見すると、ここでは一応は、お互いに意味が通る言葉を使って問答しているように見えます。潙山は、和尚さん、お願いします、と逃げてしまう。「和尚道え」というのは、意味が通る言葉です。意味は通るけれども、そのまま文字通りで解釈すると、潙山は逃げてしまって、自分は答えられないと言っているだけになってしまいます。しかし、実はそれほど単純でない。この一言こそ、百丈が、咽喉と口をふさいで、ものを言えなくして、さあ、どう言うか、というのに対して、真正面から答えている。そういう答えなのです。「却って請う、和尚道え」の一言は、きちんとした意味を持ったわれわれの日常の言葉のように見えながら、実はすでに言葉の体系をはみ出してしまっている。そこがポイントなのです。咽喉と口をふさいだら何も言えないはずなのに、ぬけぬけと咽喉と口を使って言っている。矛盾することによって、既存の言語の体系を壊してしまう。そういう文句なのです。

ですから、圜悟はこの潙山の答えに対して、「箇裏《ここ》に向《お》いて撃石火の如く、閃電光の似《ごと》くに相似たり。他《かれ》の問処を拶《つ》いて便《すなわ》ち答うるは、自《おの》ずから出身の路有って、纖毫《わずか》の気力も費さず」と、評唱で言っています。つまり、この答えは、火打ち石の火や稲妻のようにすばやいはたらきを示したもので、百丈の問いをぐっと突っ込んで答えたところに、わずかの気力も使わずに、それ自体、見事突き抜けたところがある、というのです。また、雪竇の頌では、この一句について、「虎頭に角《つの》を生じて荒草を出づ」と歌っています。ただでさえ恐ろしい虎に、さらに角が生えて、草むらから出てきたぞ、というわけです。それほど恐ろしい言葉なのです。

それに対する百丈の答えもまた、一見逃げたようで、あるいは、自分は言わないよ、と言っているようですが、実は、やはり潙山の答えを認めた上で、百丈もまた日常的な体系の中の言葉を使いながら、同じように咽喉と口をふさいでものを言っている、つまり、言えないことを言っているのです。「言わない」と言いながら、その言葉自体が言えないところを言っているのです。

「已後《いご》我が児孫を喪わんことを恐る」というのは、気をつけていいところかと思います。日常的な体系を破壊してしまうような、きわめてきわどい問題は、やたらな形では語ることができないのだ。わかるような形、説明的な言葉で語ったら、今後の禅を学ぶ人たちは、その説明にとらわれて、本質を理解できないことになってしまう。以後、禅の流れは絶えてしまうぞ、という警告です。

このように、日常的な言葉では説明できないところが問題なのです。だからといって、言葉で言えないのではなくて、言葉で言ってはいるのだけれども、言っている言葉そのものが、日常の言葉とずれている。それを日常的な意味の体系で理解しようとしたら、禅の言葉のエネルギー、つまり、日常の言葉を使いながら、それを徹底的に破壊し尽くすその力が失われてしまう。

説明的な言葉、日常的な意味を担った言葉は、まさに「月をさす指」で、その役割を果たせばそれで終わってしまう。「ここに本がある」という言葉は、そのこと自体が了解されれば、言葉自体は用済みです。あるいは、「こんにちは」という挨拶は、相手が「こんにちは」という挨拶を返して、相互のコミュニケーションが成り立てば、それ以上こだわる必要はありません。ところが、禅の言葉はそうではありません。その言葉がまさに「葛藤」として絡み付き、どこまでも付きまとい、われわれの日常性を破壊していく、恐ろしい言葉です。「聞く者は皆な喪《し》す」と言われるような言葉です。だから、やたらに言うことはできない。だが、実は、その恐ろしい言葉がいたるところに満ちている。ただ、人はそれに気づかないだけなのです。ある意味では気づかないからこそ幸せであって、それに気づいたとき、まさにわれわれは日常性に安住していられなくなってしまうのです。

何気ない、狐と狸が化かし合っているような百丈と潙山の問答ですが、一皮剥くとまさに日常性の崩壊するところで、丁々発止とやり合っているのです。圜悟の評唱には、「賓主《ひんしゅ》互換して活鱍鱍地《かっぱつぱっち》」と言われています。「活鱍鱍地」は禅でよく使われる言葉ですが、魚がぴちぴちと跳ねるような、そうした生き生きとした様子です。客と主人が互いに入れ替わりながら、生気に満ちたはたらきを示している、というのです。

第七一則、第七二則に関しても、全く同じようなことが言えます。第七〇則でもそうですが、この辺はまるで一休さんの頓智話のような問答です。けれども、そこで丁々発止やり合っている。第七一則であれば、五峰は同じ問いに対して、和尚さんも咽喉と口をふさいでみなさい、あなたならふさいで、どう言いますか、と切り返しているのです。これは、切り返しであると同時に、やはりここでも言葉の固定性から抜け出したところに、五峰という人のはたらきが示されるわけです。

それに対する百丈の、「人無き処に斫額《しゃくがく》して汝を望まん」は、人のいないところで額に手をかざして、君を望み見てみよう、というものです。これは十分わからないところがありますが、「人無き処」というのは、百丈と五峰だけの世界、一般の人の理解を超えたところということで、そこでお前さんを望み見てみようという、相手を褒めた言い方と考えることができます。

第七二則では雲巌が答えます。これは、言葉としてわかりにくい答えで、解釈が決まらないところがあります。「和尚有り也《や》未」と雲巌は答えています。これだけだとわかりにくいのですが、咽喉と口をふさいだ上で、なお一言ありますか、何か言うことがありますか、という意味だと考えられます。これも第七一則と似た感じの切り返しです。

それに対して百丈が、「我が児孫を喪えり」と言ったのは、第七〇則で言っていたことを踏まえるわけです。おやおや、まあまあ、これで禅はすたれたぞ、というわけです。一見すると、雲巌の答えを批判し、否定しているように見えますが、実はそうではなくて、お前さん、見事に言うべきことを言い尽くしてくれた、という褒め言葉です。

この三つの問答は、咽喉と口をふさいで、つまり、ものが言えない状態で、言語というものが否定されたところで、なおそれを言語として、いかに表現するか。そういう問いに対して、三人がそれぞれ答えている。しかも、その答えは、それぞれ一応の意味の筋が通りながら、よくよく考えてみると、日常の言葉の使い方が崩れ、壊れてしまっている。それを百丈が認める。そういう形の問答になっています。

これは『碧巌録』の圜悟の問題というより、それ以前に、この全一〇〇則を編集した時点での雪竇の問題意識であり、さらにはまた、趙州や百丈が登場するような形で当時できあがってきた禅の問答そのものの持つ、基本的な言語論と言ってよいものです。そういう形で、日常の言語で表現できないところを、日常の言語の体系を壊しながら、しかも言葉でいかに言い当てていくか。そこに問題が集中していくことになります。それが最終的に『碧巌録』に集約されるのです。

『碧巌録』によって集約される禅の核心は、このようにまさに言葉の問題です。前回も言いましたように、禅というのは「不立文字」で、言葉がなくなってしまうのではない。言葉というのは単なる手段ではない。徹頭徹尾、言葉で言い表せということを、どこまでも突きつめていく。そういう思想なのです。ただ、その言葉が日常の言葉ではない、あるいは、日常の言葉を破壊していく、そのような言葉なのです。

維摩の一黙（第八四則）

それでは、言葉によってこのように日常性を壊していったときに、何が見えてくるかという問題が、次に出てきます。それは次回以後の課題にしていきたいと思います。ここでは、もう一則、関連した応用編のような問答を見てみたいと思います。第八四則です。

維摩詰《ゆいまきつ》、文殊師利《もんじゅしゅり》に問う、「何等《いかなる》か是れ菩薩《ぼさつ》、不二《ふに》の法門《ほうもん》に入《い》るとは」。文殊曰《いわ》く、「我が意の如きは、一切の法に於て、無言無説、無示無識、諸《もろもろ》の問答を離る。是《これ》を不二の法門に入ると為す」。是《ここ》に於て文殊師利、維摩詰に問う、「我等《われら》各自《おのおの》説き已《おわ》る。仁者《なんじ》当《まさ》に説くべし、何等《いかなる》か是れ菩薩、不二の法門に入るとは」と。

雪竇云く、「維摩は什麼《なん》と道《い》いしぞ」。
復た云く、「勘破了《みぬきおお》せり」。

最後の二行は雪竇のコメントです。

ここで取り上げられているのは、有名な維摩《ゆいま》、あるいは維摩詰《ゆいまきつ》の話です。維摩というのは、『維摩経』というお経に出てくる主人公です。学識すぐれた在家信者で、維摩居士とも言われます。この人が、空《くう》の教えに立って仏弟子たちをやり込める話です。『維摩経』によると、維摩が病気になる。その病気も本当の病気ではなくて、人びとを教え導くために仮に病気の姿をとるのです。病気の維摩のところへ、お釈迦様が弟子たちを連れて見舞いに行く。その見舞いの場面で、いろいろと問答が展開するのです。

大勢の仏弟子たち、菩薩たちが、維摩の前であれこれと説法をします。維摩は、それではまだだめだと批判していく。そういう話が展開していくのです。これはその中のいちばん有名な場面で、維摩詰と文殊師利《もんじゅしり》、つまり文殊菩薩との問答です。文殊というのは、「文殊の智慧」と言われるように、さまざまな菩薩の中でもっとも智慧のある菩薩で、『維摩経』でも、菩薩の中でいちばんすぐれた菩薩という扱いをされています。『維摩経』の中でもっとも大きなテーマは、「不二《ふに》の法門」ということです。不二というのは、先ほど言った揀択のない世界、つまりAとBという対立を超えた世界のことです。不二の悟りの世界、対立を超えた悟りの世界に、どのように菩薩は入るのかという問題です。

それに対して文殊は、自分の考えでは、「一切の法に於て」、すなわち、あらゆる存在において、あるいは、いっさいのものについて、「無言無説」、言葉では表現できないし、「無示無識」、指し示すこともできなければ、それを意識し自覚することもない、「諸《もろもろ》の問答を離る」、お互いの言語による会話というものを乗り越えたところだ。言葉で表現できないところ、それが不二の法門に入るということである、と言っています。

これは先ほどの『信心銘』の「至道無難、唯嫌揀択」と全く同じです。言葉のない世界こそ、絶対の世界である。ところが、『信心銘』と同様に、言葉を使って文殊は言っています。そこが、維摩によって衝かれることになるわけです。そこで、文殊が維摩に問います。「我等各《おのおの》自説き已《おわ》る」、自分たちは不二の法門に入るということについて、それぞれ意見を述べました。文殊の前にも、いろいろな菩薩たちが述べていて、文殊がその最後なのです。さて、そこであなたはどういうふうに、菩薩が不二の法門に入るということを説くのでしょうか、と文殊が維摩に問うわけです。

その答えは、ここに書いてありませんが、維摩は、ただ黙って何も答えないのです。これは非常に有名な場面で、「維摩の一黙」と言います。文殊は、言葉では表現できないと言いながら、言葉を使って説明しています。ところが維摩は、言葉では言えないところであるからこそ、自分自身、言葉を使わないで、態度で示した。言葉がない世界を、言葉を使わないことによって、教えたわけです。それが『維摩経』の有名な場面です。

ところが、それに対して雪竇は、「維摩は什麼《なん》と道《い》いしぞ」と問いかけます。維摩は沈黙して、何も言わなかった。雪竇は当然、そのことを前提としながら、そこで維摩は何と言ったのかと問いかけるわけです。維摩は何も言わなかったのかというと、そうではなくて、雪竇は、維摩は何か言ったのだ、と言うのです。それでは、維摩の言ったこととは何なのか、というのがその問いです。

このことによって、『維摩経』の「維摩の一默」もまた超えられていくのです。維摩は、そこで沈默した。よくよく考えてみると、沈默というのも、ある特定の場面に起こるとき、それはそれで意味を持つ行為です。たとえば、質問して答えられないとき、沈默します。沈默するというのは、答えられないという意思表示であり、沈默するということが、一つの意味を持っているわけです。

維摩が沈默したということも、普通に考えれば、言葉で表現できないから沈默したのだということで、それを言葉で説明しようとした文殊を超えているとされるのですが、しかし、沈默したという行為で文殊の問いに答えている。つまり、その文脈のなかに入ってきています。その場合、沈默というのも一つの答えであり、ある意味を持っているわけです。

あるいはまた、別の見方からすれば、悟りの世界は表現できないから沈黙するというのは、先に触れたような、表現可能な世界と表現不可能な世界との二元論に陥ることにもなります。言葉で表現できない世界だから沈黙する他ないというのは、いかにも合理的ですが、あまりに合理的すぎて、そこから抜け出すことができていないわけです。雪竇が、ここでもう一度問いかけているのはまさにそのところで、その沈黙の意味をも壊したところはどうなのか、と問いかけているのです。雪竇は、「維摩の一黙」ということの持つ意味を、また壊していくのです。

それではどういうふうに壊せるのか。そこがポイントです。意味のある言葉を語ってもだめだし、沈黙してもだめだし、どう答えたらいいのか、というのが求めているところです。ここには、これが答えですよ、という模範解答はありません。模範解答が模範解答として固定化するとき、それは言語の構造を突き崩すエネルギーを失ってしまう。だから、もはやそれは答えではない。

雪竇の求めているのは、構造そのものを突き崩すことです。言語可能と不可能との間にきちんと一線が引かれていたと思ったのに、その区切りの線がわからなくなってしまう。二元論の構造そのものが解体して、流動化してしまう。そこに禅問答の妙味があります。

言葉の世界を超える、とよく言いますが、そんなに簡単な話ではない。言葉そのものをもって、言葉の世界を崩していくのです。言葉以外のものをもって、言葉の世界を崩すことはできないわけで、それができるのは言葉以外にはありません。だから、言葉そのものでその世界を変えていこう。それが、こういう形で展開してくる禅の言葉なのです。

4　道元の言語論

今回ももう終わりの時間が近づいてきました。最後に、このような禅の言語論に対して、正面から批判した人がいますので、それについて簡単に触れておきましょう。実はそれが道元なのです。道元といえば、『正法眼蔵《しょうぼうげんぞう》』による難解な禅哲学の樹立者として知られていますが、彼もまた、言葉に対してきわめて鋭敏で繊細な神経を持った考察を行なっています。『正法眼蔵』に「道得《どうとく》」という巻がありますが、「道得」というのは、言うことができる、ということで、道元もまたあくまで言語にこだわり、言語で表現することを求めます。しかし、その言語の性格が、『碧巌録』などの公案の言語と全く異なっています。これが非常に面白いのです。

『正法眼蔵』に「山水経《さんすいきょう》」という巻があるのですが、その中で、「雲門匡真《きょうしん》大師いはく、「東山水上行《とうざんすいじょうこう》」という公案を取り上げています。東山が水の上を行くという、これも非常にナンセンスな公案です。そのナンセンスな公案に対して、道元は次のように言っています。

いま現在大宋国《だいそうこく》に、杜撰《とせん》のやから一類あり、いまは群をなせり。小実《しょうじつ》の撃不能《ぎゃくふのう》なるところなり。かれらいはく、「いまの東山水上行話《とうざんすいじょうこうわ》、および南泉《なんせん》の鎌子話《れんすわ》ごときは、無理会話《むりえわ》なり。その意旨は、もろ〳〵の念慮にかゝはれる語話は仏祖の禅話にあらず。無理会話、これ仏祖の語話なり。かるがゆゑに、黄檗《おうばく》の行棒《ぎょうぼう》および臨済《りんざい》の挙喝《こかつ》、これら理会《りえ》およびがたく、念慮にかゝはれず、これを朕兆未萌《ちんちょうみぼう》以前の大悟《だいご》とするなり。先徳の方便《ほうべん》、おほく葛藤断句《かっとうだんく》をもちゐるといふは無理会なり。（岩波文庫版、第二巻、一九九〇、一八九—一九〇頁。ただし、振り仮名は現代仮名遣いにし、一部改めた。以下同じ）

「南泉の鎌子話《れんすわ》」というのは、「池州南泉禅師、一日山に在りて作務《さむ》をす。僧有り、過ぎて師に問ふ、「南泉の路、向什麼処去《いずこにかゆく》」。師、鎌子を拈起《ねんき》して曰く、「我が這《こ》の茅鎌子《ぼうれんす》、三十文銭に買得《まいとく》せり」。僧曰く、「茅鎌子を三十文銭に買ふことは問はず、南泉の路、向什麼処去《いずこにかゆく》」。師曰く、「我れ如今《いま》使得《しとく》して正快なり」」というもので、僧の問いに対して、南泉がぜんぜんピントがはずれたような答えをしている、そういう問答です。

当時の大宋国の禅坊主たちが、東山水上行とかこの南泉鎌子とかのような問答を「無《む》理《り》会《え》話《わ》」であると言っている、というのです。「無理会話」というのは、理をもって会得することのできない言葉、つまり理屈では理解できない公案ということです。それは「念慮」、つまり思念を超えたものです。別の言い方をすれば、「無理会話」というのは、言語的な意味を否定した言葉ということです。いままで述べてきたような理解の仕方は、まさしく「無理会話」としての考え方です。黄檗《おうばく》や臨済の棒喝《ぼうかつ》も、まさしくこの無理会話の実践に他なりません。

ところが道元は、それを正面から徹底的に批判するのです。

かくのごとくいふやから、かつていまだ正師《しょうし》をみず、参学眼《さんがくげん》なし。いふにたらざる小獃子《しょうがいし》なり。宋土ちかく二三百年よりこのかた、かくのごとくの魔子《まし》・六群禿子《とくし》おほし。あはれむべし、仏祖の大道《だいどう》の廃《はい》するなり。これらが所解《しょげ》、なほ小乗声聞《しょうじょうしょうもん》におよばず、外道《げどう》よりもおろかなり。（同、一九〇頁）

何ともすさまじいまでの罵詈雑言です。では、彼らの「無理会話」のどこがいけないのでしょうか。

禿子《とくし》がいふ無理会話《むりえわ》、なんぢのみ無理会なり、仏祖はしかあらず。なんぢに理会《りえ》せられざればとて、仏祖の理会路《りえろ》を参学せざるべからず。……あはれむべし、かれら念慮の語句なることをしらず、語句の念慮を透脱《とうとつ》することをしらず。（同、一九〇―一九一頁）

「念慮の語句なることをしらず」は岩波文庫版の注に、「精神活動が語句となっていることを知らない」とありますが、要するに「念慮の語句」は思考されている言葉、考えられている言葉です。したがって、意味を担った言語であると考えてよいと思います。道元は、あくまで仏祖の言葉は「念慮の語句」、意味を持った言葉だというのです。「語句の念慮を透脱《とうとつ》する」というのは、言葉の意味を徹底することによって、それを超えていく。あくまで意味を持った言葉として理解して、しかも、それを完全に理解しきることを極限化するのです。だから、ナンセンスな言葉と考えてはいけない、というのです。

もっとも、この「透脱する」というところがポイントで、決して日常的な意味言語のレベルに留まっていてよいというわけではありません。言葉の意味を徹底して考え抜くことによって、その底まで突き抜けることが要求されているのです。それはまたそれで、決して容易なことではありません。
道元は、「東山水上行」もその立場から解釈しようとします。

しるべし、この「東山水上行」は仏祖の骨髄なり。諸水は東山の脚下《きゃっか》に現成《げんじょう》せり。このゆゑに、諸山《しょせん》くもにのり、天をあゆむ。諸水の頂𩕳《ちんにん》は諸山なり、向上直下《こうじょうちょっか》の行《ぎょう》歩《ぶ》、ともに水上なり。諸山の脚尖《きゃくせん》よく諸水を行歩《ぎょうぶ》し、諸水を趯出《ちっしゅつ》せしむるゆゑに、運歩七縦《じゅう》八横《おう》なり、修証即不無《しゅしょうそくふむ》なり。(同、一九一頁)

いま、いちいち解釈することはしませんが、道元における言語の意味の把握が、日常的な言語のレベルを突き抜けていることはおわかりでしょう。しかも、『碧巌録』の公案理解のように、一気に言語の意味構造を破壊するのでなく、むしろ言葉の意味理解を徹底することによって、いわば逆の方向で日常言語を超えるのです。
同じように禅の言語論といっても、これだけ大きな相違があるのです。従来の研究では、そうした重要な問題がほとんどないがしろにされていました。彼らがこれだけ神経を使って論じてきた言語の問題を、きわめて乱暴に不立文字的な方向で切り捨て、言語可能と言語不可能との単純な二元論に逆戻りして平気でいたのです。言語論として禅を読むことは、決して新しもの好きの珍奇な解釈ではなく、彼らの問題の本質に触れるものであることが、わかっていただけると思います。

今日もいささか時間をオーバーしてしまいました。次回は、もう少しこの言語の問題について補足した上で、第三則に進み、このような立場から、禅の存在論がどのように解されるか、見ることにしたいと思います。

第三講　禅の存在論

1　言語と存在

言語論から存在論へ

早くも後半に入りました。『碧巌録』を中心に据えながら、禅を言語の問題を中心に捉え直すことはできないかということで、いままでとは少し違う禅のテキストの読み方を試みてきました。そういう立場から、世界はどういうふうに見えてくるのか、人間とはどういう存在であるのか、という具体的な問題に入って、これから少し考えてみたいと思います。

『碧巌録』自体が意図的に並べたものというわけではないのですが、第一則、第二則と見てきて、続いて第三則は、人間の死の問題を扱っています。人間論といってもよいのですが、人間をも含めて、言語の崩壊したところで存在はどのような形で露呈してくるか、その端的な姿を示していると見ることができます。そこで、第三則を中心にして考えてみたいのです。ただし、今日は、そこをいきなり読むのではなくて、そこに至る前提的なお話をしてから、第三則を見てみたいと思います。

最初に、いままでの復習を兼ねまして、従来の禅の研究において言葉の問題がどのように捉えられてきたのかについて、二、三、代表的な学者の説を検討しながら、言葉と存在の関係について考えてみましょう。

鈴木大拙説の検討

最初に鈴木大拙《だいせつ》(一八七〇―一九六六)です。ご承知のように、この方は日本の近代的な禅研究の基礎を作った天才的な学者であり、世界的に大きな影響を与えました。その大拙に『禅への道』という本がありますが、そこには、前回取り上げました「至道無難、唯嫌揀択」の問題を論じているところがあります。そこで、まずそれを見てみたいと思います(春秋社版『新版鈴木大拙禅選集』4、一九九一、一四七頁以下)。ここで、大拙は「至道無難、唯嫌揀択」の解釈を述べた後、こう言っています。

これだけいってしまうと何でもないようである。僧璨《そうさん》が到達した境地から見れば、こんなものであろう。問題は、その境地を望んでいるだけで、まだ何とも手のつけようのない人人の身の上である。揀択は知的分別、憎愛は情意的分別、ただこの分別のために悩んでいるのであるが、分別の超越に向かう手がかり――これがないのが、悩みの本質である。(同、一四八頁)

このように、「分別の超越」、すなわち「唯嫌揀択」の境地に至り得ない人のために、こういう問題が提示されているのだ、とまず捉えます。それから、第五七則の問答を取り上げています。

趙州《じょうしゅう》は折にふれて、この四句を提唱したので、ある時一僧あり、州にたずねていわく、

「至道無難《シドウムナン》、唯嫌揀択《ユイケンケンジャク》と承りますが、いかなるが不揀択でござりましょうか。」

これはいかにも自然な問いである。……それで趙州は天地に響けとばかり、

「天上天下唯我独尊」

と叫破した。この一句はお釈迦さまが母胎を出るや否や、東西南北に周行七歩して唱え出されたところのものであると言い伝えている。句の表面を見ると、「天にも地にもわれひとり」というのであるから、いかにも自尊の絶頂、自我の肯定を臆面もなくやってのけたものと考えられぬでもない。フランスの哲学者のデカルトに有名な Cogito ergo sum というのがある、「われ考う、ゆえに、われあり」との義であるが、お釈迦さんの立場――すなわち禅では始めから「我在焉《われあり》」である、「我考う」は後からついて来る。これが実に絶対肯定であり、絶対矛盾の同一性である、不揀択すなわち無分別の分別である。「唯我独尊」なるがゆえに「至道無難」であ

る。(同、一四八―一四九頁)

このように、「天上天下唯我独尊」という表現が、「絶対矛盾の同一性」であり、また、「絶対肯定」であり、「無分別の分別」であるという言い方で捉えられています。「絶対肯定」とか、「絶対矛盾の同一性」とかいう言い方は、大拙などが流行らせた言葉でありまして、禅を語るときにしばしば使われます。また、大拙の友人であった哲学者の西田幾多郎の晩年の中心概念である「絶対矛盾の自己同一」も、大拙からヒントを得たと言われています。いずれにしても、非常にわかりにくい言葉で、また、かえってそのために流行したところもあると思います。「絶対肯定」とか、「絶対矛盾の同一性」とか、「無分別の分別」とか言うと、何となくわかったような気分になりますし、大拙がこういう言い方で捉えたのは、それはそれで一つの卓見ではあろうと思います。しかし、何かわかったような気分にはなるのだけれども、それがどういうふうに具体的に規定されるのかというと、どうももう一つよくわかりません。それが禅だと言われてしまえば、それ以上どうしようもないのですが。

そのあとで、この公案と関連してわれわれもしばしば取り上げてきました、趙州の「無字」のことが取り上げられています。

「州《しゅう》云無《いわくむ》」という公案があるが、この「無」は絶対無である、有無の対立を超越したものだが、初めてこれに参ずる人は、なお分別街頭の知性の持主であるから、どうしてもそれがわからぬ。それゆえ、この「無」はいつも有無の無になる、あるいは頑冥無記底に解し去られる。(同、一五一頁)

「無」というのが、有と無で対立するような無ではないということは、たしかにそのとおりです。しかし、ではそれを「絶対無」であるとか、「有無の対立を超越したもの」であるという表現で捉えることができるのかどうか。これも非常に流行った言葉で、「絶対無」というのは禅を語るときにしばしば使われます。これも、何かわかったようではあるのですが、では「絶対無」とはどういう無であるのかというと、よくわからない。それは言葉で説明できない、ということになれば、では、どうして言葉で説明できないものに「絶対無」と名づけることができるのか、と問われなければならないでしょう。「絶対無」などと麗々しく語られるとき、もはや趙州の「無」のエネルギーは凝固し、失われてしまっています。まして、「有無の対立を超越したもの」という説明は、「有」「無」の上に、もう一つ「超越」という概念を付け加えるだけに過ぎません。

大拙という人は天才的な人でありますし、禅をはじめて近代的な文脈の中で論じた功績は絶大なものがあります。それだけに多少の欠点や不明瞭さがあっても当然ですし、それを今日わざわざ取り上げて批判するのは、いかにも遠いところから唾を吐くような感がないわけではありません。しかし、大拙の影響があまりに大きく、今日でも禅を語るのに大拙の用語を無批判に用いる例が少なくない実情を見れば、やはりもう一度検討し直さなければならないところがあると思います。大拙の用語の曖昧さをもう一つきちんとわきまえていかないと、大拙以後の新たな目で禅を見ることは、非常に難しいのではないかと思います。

さて、大拙はさらに「唯嫌揀択」の問題に戻って、第五七則の、「田厙奴《でんしゃぬ》、什麼処《いずこ》か是れ揀択」を取り上げています。前回述べましたように、私の見方では、言語を本来否定するはずの「唯嫌揀択」という『信心銘』の言葉に対して、趙州は言語を使っていくという矛盾をおかすことによって、むしろ言語の意味構造を解体していく、そういう言語論的な構造を持っていると考えました。ところが大拙は、そうした言語の問題に対して、あえて言えば無関心であるというか、無感覚なところがあります。この第五七則については次のように解釈します。

「それゃ揀択だ。」「どこが揀択だい、このわからずやめ」と、売り言葉に買い言葉では、どこに「至道無難」の当体があるかわからぬようなものである。もっと理非の道筋をたてて話したら、よさそうなものだと思われる。が、ここが禅の禅たるところで、いつも裸のとっ組み合いである。寸糸《すんし》懸けずというあんばいに、いろいろの道具立てをせずに、倒すか倒れるかで突き当たる。禅は不思議にこの体当りの勝負をする方面に発展した。ことに趙州のごときは、このわざを文字言語の上でいかにも巧妙に取り扱って見せる。趙州に詰めよられた僧は黙してしまった。(同、一五二頁)

趙州が言語を大きく問題にしていることまでは言っているのですが、趙州における言語の扱い方というところまで、大拙の場合は突きつめて言っていないように思います。たしかに、それが「裸のとっ組み合い」であり、「体当りの勝負」であることは認めてよいことです。でも、それをただ「売り言葉に買い言葉」と言ってしまっては、禅とは、威勢はいいけれども「理非の道筋」のない、わけのわからないものになってしまいます。

もちろん以上は、大拙のごく一面を取り出しただけで、それで大拙の全体像を簡単に論じきれるものではありません。その偉大さを正当に評価しつつ、他面、その呪縛をのがれて自由に禅を見直すことこそ、今日求められていることです。

上田閑照説の検討

大拙についてはこのくらいにしまして、禅における言語という問題に対して、非常に深い哲学的な分析をしたものとして、次に、上田閑照氏の『禅仏教――根源的人間』(岩波同時代ライブラリー、一九九三)の説を取り上げてみたいと思います。上田氏は京都学派の流れを受けて、西洋の哲学とも比較しながら禅を深く追究しておられます。この本は、禅について論じた本の中でも、非常にすぐれた一冊です。

さて、同書では、禅の言葉を理解するにあたって、ドイツの詩人リルケ(一八七五―一九二六)の墓碑銘を取り上げています(同、七九頁以下)。リルケは二〇世紀初めの詩人で、東洋的なところもあることから日本でも好んで読まれ、大きな影響を与えています。この墓碑銘は非常に短い詩です。

薔薇、おお! 純粋な矛盾、
幾重にも重ねた瞼の下
誰のでもない眠りである楽《よろこび》。

上田氏は、この短い詩を手がかりにして、禅の言葉を考えようとします。

ところで、でき上った詩としてではなく、このような詩句が生れてくる「言葉の出来事」として見る場合、……「おお！」を詩句の全体が発せられてくる源――根源語(Urwort)――と見る、逆にいえば全詩句をこの「おお！」の分節と見ることができると思う。……薔薇の現前にあって自己を忘れて「おお！」と言う時、その「おお！」の直下においては薔薇も忘れられている。すなわちその「おお！」に現前しているものはもはや旧套の薔薇ではない。われわれが通常薔薇と呼んですませているそのものが、名づけ得ざるもの、言い得ざるものとなって現前しているのである。その驚きなのであって、単に薔薇に対する驚きなのではない。(同、八〇頁)

上田氏による禅の言葉の理解は、私が前回述べたような言葉の捉え方に非常に近いと言っていいと思います。たとえば、氏はまた、その「おお！」について、「薔薇と呼んですませていたそのものが突然名づけ得ず言い得ざるものとなることによって、そこが裂目になって言葉の世界が破れるその音響である。あるいは、言葉の世界が一挙に沈黙へと消されるその消失の音である」(同、八一頁)とも言っていますが、たしかにそのとおりで、きわめて適切な言い方だと思います。

ただ、「根源語」という捉え方が、氏の禅の言葉の理解のキー・ワードになるもので、ドイツ語でUrwortとも言っていますが、そこに私は少し引っかかるのです。たしかに、氏が言うように、日常の言葉が破れ崩壊するところに、ここで言われる「おお！」という感嘆詞が発せられるといってよいと思います。そして、禅の言葉も、基本的にそのような性格と捉えてよいと思います。ですが、それを「根源」というような言い方をしてよいかどうかが疑問なのです。つまり、「根源」というと、それがいちばん本質的というか、いちばん大本になるものとして考えられてしまう。この世界の源というか、あるいは、われわれの言語が成り立ってくるいちばんの根底に何かそのようなものがある、と考えられてしまう。

前回見たように、禅の世界というのは、われわれの意味言語というものを打ち破ることによって出てくる、日常性の崩壊した場を突きつけるものです。そこには根源的な世界とか、根源的な真理とかいうような、そういうものの定立を許さない、もっと強力な破壊力が秘められているのではないか。たとえば、氏が、この「おお！」について、

> 自己に死んで「自己ならぬ自己」へと蘇生せしめられる誕生の声である。「おお！」と言う時、そこには、人間の絶後再蘇がある。そしてその誕生の「おお！」は同時に、世界の新たな根源的会得の分節以前的原合点《がってん》である。（同、八二―八三頁）

と言うとき、これはもはやいささか説明のしすぎ、解釈のしすぎになっていないでしょ

うか。「世界の新たな根源的会得の分節以前的原合点《がってん》」とか、少しあとで、「事と言と人との脱自的原統一の現成」とか言われるとき、言葉は難しいけれども、かつてしばしば言われた「主客未分」とか、「主客合一」とかいうのと、それほど大差ない説明になってしまうように思うのです。そうした一切の説明を拒否するところに、『碧巌録』などにおける禅の言葉のすさまじさがあるのではないか。そんなわけで、上田氏の「根源語」という捉え方に、私はいささか疑問を感ずるのです。

井筒俊彦説の検討

もう一人だけ、世界的な哲学者として名高い井筒《いづつ》俊彦《としひこ》氏(一九一四―九三)の説を見てみましょう。井筒氏の著書『意識と本質――精神的東洋を求めて』(岩波文庫、一九九二)は、中国からイスラムまで、哲学古典への該博な知識に基づいて、東洋哲学に共通する問題を提示した名著ですが、その中で、本質否定の哲学の代表として禅が重視されています。また、同書には、独立した論文として、「禅における言語的意味の問題」「対話と非対話――禅問答についての一考察」の二つが含まれています。ここでは、「禅における言語的意味の問題」を取り上げてみましょう。

この論文で井筒氏が言っていることは、かなり私の考えに近いことです。氏は、「禅はその活動のあらゆる場において、無意味性という現象を重視する」(同、三五六頁)、

「言語的意味を言語そのものによって破壊する言語の自殺行為」(同、三五七頁)など、私がこれまでお話ししてきた方向とほぼ一致する見方を示しています。次のような箇所などは、まさに見事としか言いようがありません。

公案として方法的に使われた禅的言表は無意味性に全てをかける。公案は全く無意味(と見える)言表の無意味性を著しく強調し、これを人間意識につきつけることによって、日常的意識をその極限に追いつめ、遂にはその自然的外殻をうち破らせようとする手段である。(同、三六四頁)

井筒氏は禅の言葉の無意味性の、その否定のエネルギーのすさまじさを十二分にわかっています。しかし、そこまで進みながら、やはり最後の一歩で、ちょっと引っかかるのです。

無字の公案の場合、絶対無限定者としての存在が、自己の限定相である「無」を無化する。そこに本源的な「無」、すなわち存在の絶対無限定性が露呈されるのである。(同、三六六頁)

上田氏の場合もそうですが、はたして「絶対無限定者」とか「本源的」とか言ってしまってよいものかどうか、そこが引っかかるのです。哲学的な立場から、他の哲学と比較しようとするとき、そこに何らかの規定を持ち出したくなるのはわかるのですが。「本源」とか「根源」とかいう規定が不適当ならば、言語の意味の崩壊の中で出会う存在とは何でしょうか。今回はその問題を考えてみましょう。

2　露呈する世界

展覧会場の便器

言語論から存在論への橋渡しとして、三人の優れた研究者の説を取り上げてみました。前回も述べましたように、意味を失った言葉というものは、言葉の記号性が失われることによって、言葉がむき出しのものとして提示されることになる。それに直面すること、それが「無」という禅の言葉のはたらきであったと考えられます。言葉が意味を失って、解体していくということは、同時に、言葉によって意味される世界が解体していくことでもあります。

たとえば、いま私は目の前に机というものを見ています。それを、私は机として認識しているのですが、机というのは、その上にものを置いたり、ノートを置いて字を書いたりする、そういう意味の連関のなか、われわれの生活の連関のなかにおいて位置づけられています。それが、机という言葉の意味であると同時に、その言葉によって意味される机という事象の意味であるわけです。ところが、その意味連関を剝ぎ取ってしまうときに、その机というものはいったい何なのか。これは、わけのわからないものになってしまう。先のリルケの詩でいえば、「おお！」としか言えない事態に直面するわけです。そこでは、「根源性」とか「絶対無限定者」とかいうようなことさえ成り立たなくなります。

この例は必ずしも適切かどうかわからないのですが、二〇世紀のはじめにダダイズムのような新しい芸術運動が起きたときに、一つのシンボル的な出来事として、マルセル・デュシャンという芸術家が展覧会場へ便器を持ち込んだことがあって、当時、非常に大きな衝撃を与えました。便器というのはトイレの中で隠して置くべきものであって、そのなかで意味連関を持ち、機能を持っているものです。誰もそれを美の対象として鑑賞しようなどと考えません。それを展覧会場の真ん中に堂々と持っていって、ポンと置く。それは、芸術などとご大層なことを言う人たちへの痛烈な皮肉でもありますが、それだけでなく、いままでの意味連関を失ったところに、思いがけない形でそのものが提示されるわけです。そこから新しい発見が出てくる。それを求めたわけです。

これは一つの芸術運動という、ある枠の中でありますけれども、禅で行なおうとしているものは、もっと宗教的といいますか、われわれの存在の問題、生き方の問題として、それを提示しようとしていると考えることができるのではないかと思います。芸術という枠を壊し、ある意味では宗教という枠をも壊してしまうのです。

庭前の柏樹

その例として、「庭前の柏樹子《はくじゅし》」という公案があります。これは『碧巌録』の本則には入っていないのですが(第四五則本則評唱に出る)、非常に有名な公案ですので、ここに取り上げてみます。これも趙州が主人公なのですが、『碧巌録』と並んで重要な『無門関』の中に出てきます。先の趙州の「狗子《くし》仏性」の公案も、『無門関』の冒頭に取り上げられていました。

さて、これは『無門関』の第三七則で取り上げられているものです。

　趙州《じょうしゅう》、因《ちな》みに僧問う、「如何《いか》なるか是《こ》れ祖師西来《せいらい》の意」。州云《いわ》く、「庭前の柏樹子《はくじゅし》」。

趙州に対して、ある僧がたずねました。「祖師」というのは、『碧巌録』の第一則に出てきました達磨大師です。達磨が西のほう、インドからわざわざ中国へやってきた、その意図は何なのか、という問いです。これは結局のところ、禅の根本とは何なのかということと同じでありまして、しばしば定型的なパターンとして、禅、あるいはもっと広く言えば仏教の本質を問う、問いの形です。

それに対して趙州は、庭先にある柏だと答えます。中国の柏というのは檜の類に当たります。日本の柏は落葉しますが、中国の柏は常緑樹です。余談ですが、趙州という場所は、河北省という北京からちょっと離れたところにあり、以前は荒れ果てて塔だけ残っていたのですが、最近立派にお寺が復興されました。そこを訪問したとき、坊さんが境内の木を指さして、あれが趙州の柏樹子だと教えてくれました。あのあたりは柏樹が多いようです。お寺の名前自体が柏林寺と言います。近くに臨済寺もあります。

さて、この「庭前の柏樹子」という答えも、いろいろな捉え方ができると思います。いちばん素朴な解釈は、達磨がわざわざそのためにやってきた禅の本質は、ご大層なことではなくて、目の前に柏樹があるという日常的な場、自然のあるがままの場なのだ、という提示であり、目の前にある柏のありさまそのものが仏の姿だ、仏教の本質など遠くに求めるべきものではない、とも解釈できると思います。趙州の言葉は、もともとはそのくらいの意味であったかもしれません〔この点に関する最近の解釈については、補講二五五頁参照〕。

ところが、それがのちに発展した公案として読まれるときには、そのような取り方では不十分なのです。「祖師西来の意」という問いに、「庭前の柏樹子」と答えたときに、「柏樹子」という言葉の意味が解体していく。意味的な世界が剥奪されていく。意味を剥奪されたものとして、そこに柏樹子というものが提示されていると考えられるのです。

われわれは木の一本にだって、ある意味付けを無意識にしています。たとえば、自分の家があって、その家の近くの公園に木がある。通勤の行き帰りに、その木に会う。その木は、そういう形で日常性のなかで意味付けられ、位置付けを持っているわけです。そこまで来ると、あと我が家まで三分だとか、あるいは、その木の葉が散るのを見て、秋が来たなとか思ったりする。そういう全体的な脈絡のなかに位置付けられているのです。このように、自然の存在でさえ、通常はある意味連関のなかに置かれ、それ故にこそ安心した日常生活が成り立っているのです。

ところが、その意味連関が失われたとき、そこに提示されるむき出しの存在に対して、われわれは対処の仕方がわからなくなってしまいます。それが公案として提示された柏樹子です。そこでは意味連関が剥ぎ取られてしまう。庭前の柏樹子は、いつも見慣れているものであるはずです。見慣れた世界にあるはずの柏樹が、全体の連関性を失ったものとして、そこに提示されてくるのです。それは、展覧会場に持ち込まれた便器以上に奇異なもの、意味を失ったもの、どうしようもないものです。ここでは柏樹子と言われていますが、本当は何とも名付けようのないものですし、どうにも取り扱いようのないものとして、そこに迫ってくるのです。

柏樹子が柏樹子としての意味を失ってそこに提示されるとき、それは柏樹子だけの問題ではありません。この全世界が、そして私自身もまた、見知らぬもの、わけのわからない存在となってしまうのです。柏樹子が向こうにあって、私がこちらで見ている、という安全な関係ではなくなります。そのわけのわからない柏樹子は私だ、と言えるかもしれません。しかし、それは主客未分というようなきれいごとではなく、ジェット・コースターで頭から落とされるような、天地がひっくり返るような、めちゃくちゃなことになってしまいます。しかも、困ったことにその柏樹子は、ぶち当たってもびくともしないし、避けて通ろうとすると、いつも目の前に立ちふさがるのです。さあ、どうしたらよいのでしょうか。

圜悟《えんご》がしばしば著語《じゃくご》や評唱に好んで使う表現に、特徴のある一群の言葉があります。「鉄餕餡《てっさんかん》」(第七則など)とか、「無孔笛《むくてき》、氈拍版《せんぱくはん》に撞著《つきあた》る」(第四一則など)とか、「無孔《むく》の鉄鎚《てっつい》」(第一四則など)などです。「鉄餕餡」は、鉄でできた酸っぱいあんこです。「無孔笛、氈拍版に撞著る」は、穴のない笛がフェルトでできたカスタネットに突き当たる。笛というのは、穴があってはじめて音が出るもので、穴のない笛は音が出ない。およそ無意味なものです。カスタネットは木でできていて、ぶつけて音が出て音楽になるわけです。フェルトでできたカスタネットなんていうのは、何の音も出ない無意味なものです。無意味な、穴のない笛が、フェルトでできたカスタネットにぶつかっても、音楽にならない。日常の意味連関のなかで考えたら、まさに何の意味もない無駄なものです。そういうものが投げ出されてあるのは厄介なものです。饅頭を食べていて、鉄のあんこが入っていたら大変なことで、歯が欠けてしまいます。

鉄というのは、『碧巌録』の中によく出てきます。宋の時代は、いろいろな産業のなかで鉄が用いられるようになって、製鉄の技術が発展した時代です。それが、こういうところに反映しています。「鉄餕餡」の他にも、いろいろ鉄を使った表現がありますが、たとえば、先に挙げた「無孔の鉄鎚」は、穴のないハンマーということです。ハンマーは柄を取り付けて、はじめてガンガン叩くことができます。柄を取り付ける穴がなければ、そこにハンマーがあっても柄が付けられないので、ハンマーとして役に立たないわけです。重くて固い鉄の塊がそこにゴロンとあるだけで、役立たないものであって、どうにも始末に困るものになってしまいます。

圜悟がしばしば使うこういう言葉は、あるいはその言葉によって意味されるものは、それぞれ本来ならば意味連関のなかに置かれて、はじめて役立つもののはずです。ハイデガーならば、「道具的存在」とでも言うところでしょう。それなのに、その意味連関に入り込むために必要なものを欠いていることによって、そこに入り込めないで、ただ無意味にゴロンと投げ出されてしまう。重いし、固いし、どうしようもない存在として置かれるわけです。先ほどの庭前の柏樹子にしても、「無孔の鉄鎚」とか「鉄餕餡」と同じようなものとして、そこに提示されてくることになるのです。それは「根源」とか「本源」とかいう意味付けをも失った、ひたすら厄介なものです。

他方、それをもう少し積極的な方向から言うと、意味を失うことによって、そこに裸の世界が提示されてくる。笛というものを考えた場合、穴があって吹く。そういうふうに見ているかぎり、あくまで笛として役立てばいいということであって、一つのものとしてよりは、意味連関のなかでのみ見られるものです。ところが、穴のないことによって、ものとして提示されてくる。意味を失った形で、まるごと、そのまま提示されてくる。展覧会場に持ち込まれた便器も全く同じで、その機能性を剝ぎ取られることによって、いままで機能のうちに隠れていたもののすがたが露わになるのです。

このような事態を「脱体現成《だったいげんじょう》」と言います。「脱体」という言葉は、まるごとという意味です。人形などを作るときに型取りをして、型の中にはめ込んで作るのですが、周りの型を外すことによって、中のものがまるごとそっくり出てきます。だから、型を外すことによって、まるごとという意味合いになるという、これは入矢義高先生の説です。ですから、「脱体現成」というと、まるごとそのものが提示されているという意味になるわけです。

秋風の中、まる裸（第二七則）

さて、それでは具体的に『碧巌録』の公案を読んでみたいと思います。第三則に入る前に、まず第二七則を見てみましょう。

僧、雲門《うんもん》に問う、「樹凋《しぼ》み葉落つる時、如何《いかん》」。
雲門云く、「体露金風」。

問いは、木が枯れて葉が落ちてしまったときは、どうなるのですか、というものです。これに対して雲門は、秋風の中にまるごと提示されている、と答えます。木が枯れて、葉が落ちきった木は、よけいな装飾をすべて取り去った裸のすがたをまるごと秋風の中にさらしています。「樹凋《しぼ》み葉落つる」は外にある木だけでなく、さまざまな装飾をすべて取り去ったわれわれ自身の裸のすがたと言ってもいいものです。

この公案は、おそらく『寒山詩《かんざんし》』を下敷きにしていると思われます。寒山というのは、よく画題にもなる、奇人として知られた寒山拾得《かんざんじっとく》のうちの一人ですが、伝説的人物です。『寒山詩』としてその詩が残されていますが、そもそも本当に寒山という人が作ったものなのか、だいいち、寒山という人が実在したのかさえも確かではありません。それはともかく、その詩を引いてみます。

樹《じゅ》あり林《はやし》に先《さき》だって生《しょう》ず
年《とし》を計《はか》るに一倍《いちばい》を逾《こ》えたり
根《ね》は陵谷《りょうこく》の変《へん》に遭《あ》い
葉《は》は風霜《ふうそう》に改《あらた》めらる
咸《み》な外《そと》の凋零《ちょうれい》せるを笑《わら》い
内《うち》の文彩《ぶんさい》を憐《あわ》れまず
皮膚《ひふ》脱落《だつらく》し尽《つ》くして
唯《た》だ真実《しんじつ》のみ在《あ》るあり

（入矢義高注『寒山』中國詩人選集5、岩波書店、一九五八、一六一頁）

林となる以前から一本の木がある。年を計るに一倍を超えた。ここは意味がわかりにくいですが、非常に古くからあるということです。さまざまの自然の変化に遭って、葉も落ちてしまう。葉が落ちて枯れてしまう姿を人びとは笑う。葉が落ちてみすぼらしい姿になったのを、ばかにして笑うわけです。でも、彼らは、外は枯れ木であるけれども、内側の模様、具体的には年輪と考えていいと思いますが、内側の年輪の充実をわかっていないのだ。すべて外側にあるものが落ちつくし、皮膚が落ちつくしたとき、本当の真実というものがそこに露呈されるのだ。大体の意味は、こんなところです。

これは、明らかに外と内とを対照させて、外側のものがすべて落ちつくしたところに、内なる真実が現れてくる、それこそ最高のものだという、一つの価値観を表明していません。もちろん、この木は比喩的なもので、人間の場合を言っていると考えてかまいません。外はみすぼらしい恰好をしているけれど、外側ばかり飾っている俗物たちには、虚飾を捨て去って生きている私の内面の充実はわからないだろうという、いかにも隠者らしい誇りを表しています。

これと比べてみますと、第二七則も非常によく似ていますし、こういう考え方を前提としているとも言えます。ところが第二七則では、『寒山詩』に見られた外と内との対比という見方がなくなってしまいます。外とか内とかいう区別を壊してしまう。枯れて葉が落ちたからといって、中に何か「真実」なるものが隠されているわけではない。外も内もない、あるいは内側もすべて裏返して秋風にさらしてしまう。そのものがまるごと提示されてくる。それが「体露金風」ということです。そういうふうに考えるべきものと思います。

これは、前回出てきました「枯木の裏《なか》の龍吟《りょうぎん》、髑髏《どくろ》の裏《なか》の眼睛《めのたま》」、髑髏の目の玉とか、枯れ木が龍のように唸るのと同じと言ってもいいわけです。そこに何かすばらしいものがあるわけではない。寒山の言い方では、何か「真実」という実質的なものがあるかのように思われた。しかし、そうではなくて、枯れきって何もないものが、唸りを起こしている。それと同じことで、秋風の中にすべてがさらけ出されてしまっている。そこには内も外もない。内側に「真実」などというものも残っていない。枯れ木がそのまま、秋風の中に提示されていると理解されます。それはつまり、いままで述べてきたことに結びつけて言えば、意味連関という虚飾を剝ぎ取ることです。それはまた、「庭前の柏樹子」でもあります。

雲門の答えに対する圜悟の著語を見てみますと、「天を撐《ささ》え地を拄《ささ》う。釘を斬り鉄を截《き》る。浄躶躶《じょうらら》、赤洒洒《しゃくしゃしゃ》。青霄《あおぞら》に平歩す」と言われています。すべてがさらけ出されたところにおいてこそ、天を支え、地を支えるはたらきがある。枯れ木こそが天地を支える、頑として動じないものである。先ほど鉄という比喩が出てきましたが、鉄と同じように動じない、頑としてある存在になるわけです。それどころか、その鉄をも断ち切ってしまうほどの強さが、そこにはあるのです。

「浄躶躶、赤洒洒」も圜悟が好んで使う著語の言葉ですが、まる裸、赤裸ということです。これが「体露金風」にぴったりしているわけです。何も隠していない、ぜんぶ脱いでしまった、そういう状態になって、はじめて空に昇って歩いていけるような境地になるのだ。意味連関をすべて失ってそこに露呈されているもの、いっさいの装飾を剝ぎ取り、すべてを脱ぎ捨ててしまった、そういうものが、そこに露わにされているのです。

麻三斤（第一二則）

いま考えた範囲では、外にあるものが主として問題になっていましたが、先にもちょっと触れましたように、その問題はストレートに主体のあり方に関わってくることになります。ぼつぼつ第三則に近づいてきましたが、もう少し回り道をすることにしましょう。第一二則を見てみましょう。これも非常に有名な公案です。それと同時に、解釈の難しい公案であると言われてきたものです。

僧、洞山《とうざん》に問う、「如何なるか是れ仏」。
山云く、「麻三斤《まさんぎん》」。

「如何なるか是れ仏」は、先ほどの「如何なるか是れ祖師西来の意」と同じで、仏とは何かという、禅のいちばん本質的なところをストレートに問う問いで、これもしばしば出てきます。それに対して洞山は、三斤の麻と答えた。この答えの意味がわからない、とずっと言われてきました。

それに対して、近年、入矢義高先生が、画期的な形で解明されました。文庫版の注（上巻、一八三頁）にもありますが、三斤の麻糸というのは僧衣一着分、つまり坊さんの衣一着を作るのに当たる分量です。これは、当時のいろいろな文献から論証されました。これに関しては、今日でもなお議論がありますが、基本的にその解釈は適切であろうと思われます。

つまり、「麻三斤」というのは、目の前にたまたま麻糸があったから、そのことを言ったのではなくて、そうだとすれば、「庭前の柏樹子」とまったく同じようなことになるわけですが、そうではなくて、もともとの公案としては、かなり意味がはっきりしていたと考えられます。

この洞山の答えに対して、入矢先生は、「一着分の衣のできる材料はちゃんと揃っている。それは仏のために用意してあるのだ。さあ、それを衣に仕立てて仏に着せてやれるのは誰か。もしそれができたら、その人は「仏と同参」なのだ」と解釈しておられます(『自己と超越——禅・人・ことば』岩波書店、一九八六、九三頁)。

この辺の解釈に関しては、多少流動する余地がありまして、入矢先生は、「如何なるか是れ仏」という問いとの関連で、一着分の衣を仏に着せてやる、これは仏像をイメージしているのかと思いますが、そういう方向で取っています。別な解釈としては、麻三斤が坊さんの衣一着分に相当するとすれば、それによって作られる衣を着る坊さんのことを指すとも考えられます。

そうだとすればストレートに、この答えは、仏というのは離れたところにあるのではなくて、麻三斤の衣を着ている修行僧であるお前さんだよ、という意味になり、主体の側に問題を引き寄せていくことになります。

その辺は解釈の流動性がありますが、いずれにせよ、どちらの解釈をとるとしても、ここでの洞山の答えは、仏というものを外に見るのではなくて、主体の問題として捉えるべきものだ、ということになります。入矢先生の解釈でも、それを衣に仕立てて仏に着せてやれるのは誰かということで、それをすることのできる人の主体的なあり方を問題にしていると考えられます。

ですが、「麻三斤」という言葉のもともとの意味は、かなり早く忘れられてしまったようです。『碧巌録』がまとめられたころには、もうもとの意味合いは忘れられて、圜悟は評唱に当時のいろいろな解釈を挙げて、あれもだめ、これもだめ、と批判しています。そのあたりの説明はいまは略しますが、ともかく庭前の柏樹子と同じように、三斤の麻というのが目の前に投げ出されるという捉え方になっていると見てよいでしょう。圜悟はその評唱を、「你《なんじ》但《た》だ情塵・意想・計較・得失・是非を打畳《しまつ》得して、一時に浄尽《すてさ》れば、自然に会《え》し去らん」と締めくくっています。「情塵・意想」等々は、つまり日常的な意味連関ということです。その意味連関をすべて断ち切ったところで、ぽんと投げ出されたもの、それが「麻三斤」です。ですから、この場合も、もともとの意味とはかなりずれたものとして受け止められなければなりません。

このように、「庭前の柏樹子」とか「麻三斤」とか言われた場合、木とか麻とかいうものが、われわれの日常の意味連関を失って、そこにそのまま投げ出され、提示されていることが、おわかりいただけたと思います。そして、先にも触れたように、そのことは外の世界の問題で終るものでなく、ただちにわれわれ自身のあり方にはね返ってくることです。外なるものが壊れていくということは、その前に立たされた自分の存在が、同じように意味連関を失って、裸のまま提示されることになるのです。外にあるものの問題は、同時に、ただちに私自身のあり方、自分というもののあり方にはね返って、問い直されることになります。

私たちは日常、意味連関のなかで暮らしています。それは、外の物がそうだというだけでなく、私たち自身がその意味連関のなかに組み込まれています。たとえば、私は大学で教えていますが、そうすると、先生、先生と呼ばれて、そう呼ばれると、何となく先生らしく振舞わないといけないようになってくる。私はそういうのはいやだから、ネクタイもしないし、いつもリュックサックを背負って歩き回っていますけれども、それでも、学生に向かうと、やはり多少は権威のあるような態度をとって、先生対学生というお互いの立場をはっきりさせて接したほうがいいみたいで、まったく友達感覚というわけにも行きません。そうでないと、相手もとまどってしまう。そんなわけで、先生とはこうであり、学生とはこうであり、会社員とはこうである、というように立場というものがあり、また、家庭のなかでは親であり子であるという関係があって、その関係のなかに人間が置かれ、そこで自分の存在が意味を持たされている。それで社会が動いている。最近、その関係がだいぶ崩れてきて、それは憂うべき事態かもしれないけれども、反面、社会が流動化していくことはなかなか面白いことです。

それはともかくとして、どんなに流動化しても、それでもやはりそうした意味連関を外しては社会は成り立たないし、私たちは生活していくことができない。しかし、そうした意味連関にがんじがらめになってしまったとき、いったい私とは何なのでしょうか。外に出れば、先生であり、会社員であり、家に帰れば、親であり、夫である。いつも私は役割を演じている。だからこそ安心して生きていられるとも言えるのですが、逆にそれが時には重荷になり、苦しくなって、そこから逃げ出したいと思うことは、誰にでも必ずあるでしょう。

ところで、禅の公案で問題にされるのは、まさにこの私の存在そのものが、そうした意味連関から抜け出した、意味連関を壊されたところで、世界のただ中に立たされる、ということです。そのとき、私というのはいったい何なのでしょうか。「庭前の柏樹子」にしても、「麻三斤」にしても、実は何よりもそのことを問うているのです。それこそ、禅のもっとも肝要な問題です。

私とは誰か（第七則）

そういう問答の一つとして、第七則を見てみましょう。

僧、法眼《ほうげん》に問う、「慧超《えちょう》、和尚に咨《と》う、如何なるか是れ仏」。
法眼云く、「汝は是れ慧超」。

僧が問うたという形になっていますが、この僧自身が慧超であると考えていいと思います。慧超は法眼の弟子です。さて、慧超が法眼に、仏とは何かと問うた。先ほどと同じ問いです。それに対して法眼の答えは、お前さんは慧超である、というものです。これも単純に考えれば、仏といって、外に求めるべきものではない、お前さんは慧超なんだろう、それで十分ではないか、という意に解することができます。私、あるいはあなたこそが仏である。仏というのは外に求めるべきものではなく、私自身の内に求めるべきものだということです。これは禅のほうではしばしば言われ、ほとんど常識的と言ってよいことです。

おそらく、もともとの公案の意味はその程度のことであったと考えてよいでしょう。ですが、圜悟は評唱で、そのような常識的な解釈を否定します。

後人は只管《ひたすら》に言句上に去《お》いて、解会《げえ》を作《な》して道《いわ》く、「慧超は便《すなわ》ち是れ仏、所以《ゆえ》に法眼恁麼《いんも》に答う」と。……若し恁麼《いんも》に会《え》し去らば、惟《た》だ自己に辜《そむ》負くのみならず、亦乃《ま》た深く古人を屈せん。

こんなふうな理解をしたら、自分に背くばかりでなく、古人をも貶めることになるというのです。煩わしいのでこれ以上の引用は略しますが、ともかく圜悟が否定するのは、「情解《じょうげ》の会《え》を作《な》す」こと、つまり、われわれの言い方で言えば、意味を持った言語で把握すること、そして、意味連関のなかに閉じ込められることです。

圜悟的な理解で言えば、ここで、「お前は慧超だ」と言われるとき、その「慧超」という名前が意味連関を失って、そこに「柏樹子」や「麻三斤」のように投げ出されるのです。「私は慧超だ」、あるいは「私は末木だ」というふうに、私たちは自分の名前を持っている。そして、それこそが私だと思っている。その固有名によって、私は他の誰でもない私自身だと理解される。でも、本当にそうなのでしょうか。

ここで、「お前は慧超だ」という答えは、実は相手の名前を呼ぶことによって、その名前の意味を剝ぎ取ってしまう行為なのです。「慧超」と呼べば、慧超が「はい」と答える、そうした日常的なコミュニケーションの可能な領域を打ち壊したところで、「慧超」という名前が投げ出されるのです。そこでは、「慧超」という存在が、そして「私」

という存在が、意味連関を壊されて提示されることになります。私とは誰か。それを私は当然わかっているつもりでいたのが、それはとんでもない思い違いであったようです。いまや、私自身が異形のものとして、見知らぬわけのわからないものとして、ここに投げ出されています。あらゆる意味連関を壊して、仏とか汝とかという言葉、あるいはその関係を壊し尽くして、そこに慧超という存在が立たされる。いや、慧超ではない、この私のあり方が問われるようになってくるのです。

3　馬大師の病気(第三則)

垂　示

以上、前提的な話がいささか長くなりましたが、今日の中心の第三則に戻って読んでみたいと思います。垂示から読んでいきましょう。

垂示に云く、一機《いっき》一境《いっきょう》、一言一句に且《しばら》く箇《こ》の入処《にっしょ》有らんと図《はか》れば、好肉上に瘡《きず》を剜《えぐ》り、窠《か》を成し窟《くつ》を成す。大用現前《だいゆうげんぜん》して、軌則《きそく》を存せず、且《しばら》く向上の事有るを知らんと図れば、蓋天蓋地、又た摸索不著《さぐりあてられず》。恁麼《いんも》も也《ま》た得《よ》し、不《ふ》恁麼《いんも》も也《ま》た得《よ》し、太《はなは》だ廉《れん》纖《せん》生《なり》。恁麼《いんも》も也《ま》た得《よ》からず、不《ふ》恁麼《いんも》も也《ま》た得《よ》からず、太《はなは》だ孤危《こき》生《なり》。二途に渉《わた》らず、如何《いかに》すれば即ち是《ぜ》ならん。請う試みに挙《こ》し看《み》ん。

例によって、必ずしも本則と直接結びつくものではないのですが、基本的な公案の受け止め方を論じたものと考えられます。機と境というのは、もともとの仏教用語としては、機というのが主体の側のはたらきであるのに対して、境というのは対象の側の存在を言うのですが、禅語の場合は意味が多少ずれまして、どちらも同じ方向、同じように主体のはたらきを意味するように使われています。「入処《にっしょ》」というのは、悟りに向かっての手がかりです。

一つひとつのはたらき、一つひとつの言葉に、悟りに向かっての手がかりがあるのではないかと考えると、「好肉上に瘡《きず》を剜《えぐ》り、窠《か》を成し窟《くつ》を成す」、つまり、きれいな体に傷をえぐり出し、穴を掘ってそこに入り込んでしまうようなものだ。なくもがなの余計なことだ、というのです。一所懸命に悟りの手がかりを求めて緊張しているような状態では、まだまだだめだ、というわけです。

「大用《だいゆう》現前して、軌則を存せず」は、大いなるはたらきが現れ出てくるところには、ある決まったパターン、法則というものはないのだ、ということ。「向上の事」は、前にも出てきたと思いますが、向上というのは上に向かうのではなくて、最高の境地ということです。最高の境地があるなどと知ろうと思うならば、世界中どこにも探り当てられない。仏の境地というものが、どこかにあるのではないか、といくら探し求めても、そんなものはどこにも見当たるものではない。

「恁麼《いんも》」は、口語の表現で、この文庫版でも中巻以後は伝統的な読み方を捨てて、思い切って「さよう」と読むようにしました。「恁麼も也《ま》た得《よ》し、不《ふ》恁麼《いんも》も也《ま》た得《よ》し」は肯定的な面で、そのようであってもよいし、そうでなくてもよい。あるあり方をしてもいいし、そういうあり方でなくてもいい。その場合は、微に入り細を穿つような微妙な問題である。それに対して、「恁麼も也た得からず、不恁麼も也た得からず」、これは否定的な面で、そういうあり方をするのも、そうでないあり方をするのもだめである。どちらもだめであるということで、その場合は「太《はなは》だ孤《こ》危《き》生《なり》」、他を寄せ付けない厳しくそびえ立つようなあり方だ。すべて肯定していくあり方は、第二則の頌にありましたが、「言端語端」、言葉の端々すべてに細かく行き渡るあり方です。それに対して、すべてを否定しきっていくと、意味連関を失ったところで孤独に立つあり方になっていきます。

「二途に渉らず、如何すれば即ち是《ぜ》ならん」、どちらにも偏らない場合、どうすればいいのか。これも非常に難しい問題です。一方では肯定して、一方では否定していく。どちらのやり方も禅でとるのですが、そのどちらにも偏らないところで自分を見つめていくとしたら、どうしたらいいのか。

「請う試みに挙《こ》し看ん」、そこで取り上げてみよう。これは、本則を提示するときの定型的な表現で、問題を提示してみようというわけです。

本　則

そこで本則です。

馬大師《ばだいし》安らかならず。
院主《いんじゅ》問う、「和尚、近日尊候如何《そんこういかん》」。
大師云く、「日面仏《にちめんぶつ》、月面仏《がちめんぶつ》」。

馬大師《ばだいし》というのは馬祖道一《ばそどういつ》（七〇九―七八八）という人で、禅の六祖慧能《えのう》の孫弟子です。公案的な方向へ発展していく南宗禅のいちばんの基を作った人で、「平常心是れ道《びょうじょうしんこれどう》」と言われるように、日常性の中に禅の精神を見出そうという立場を徹底しました。「安らかならず」とは、病気であったということです。この病気はただの病気ではなく、他の資料で見ますと、これは馬祖が亡くなるときの、臨終の際の問答であると言われています。そういう文脈で考えたほうがいいと思います。非常に重い病の床にあるわけです。

そのときに院主《いんじゅ》という、お寺の事務の上に立つ人がやってきまして、「和尚、近日尊《そん》候如何《こういかん》」、和尚さん、このごろご機嫌いかがですか、と尋ねました。これは挨拶の文句です。それに対して馬大師は、「日面仏《にちめんぶつ》、月面仏《がちめんぶつ》」と答えた。日面仏、月面仏というのも、先ほどの麻三斤などと同じで、わからない例としてしばしば挙げられます。圜悟もそれに対して適切な解釈は与えていません。

ただし、これはかなりはっきり典拠が見出せるものでして、文庫版の注(上巻、六九頁、注七)に挙げましたように、『仏名経《ぶつみょうきょう》』というお経の中に出てきます。日面仏は一八〇〇歳の長寿の仏で、月面仏は一日一夜の短命の仏だといいます。こういう仏の名前がインドに由来するのかどうかはわかりません。『仏名経』というのは、中央アジアから中国へかけて非常に発展したもので、仏さまの名前をたくさん並べて、礼拝することを説くお経です。そういうお経が発展するなかで出てきた仏さまのようで、一般にはあまり有名でない仏の名前です。

このように、「日面仏、月面仏」という答えは、寿命の長い仏と、寿命の短い仏の両方を挙げている、つまり寿命に関して両極端を挙げているわけです。文庫版の注に解釈が示してありますが、寿命の長短というと、『荘子《そうじ》』の「朝菌《ちょうきん》」と「大椿《だいちん》」の例が思い浮かべられます。これは『荘子』の逍遥遊《しょうようゆう》篇にある有名な箇所で、朝菌というのは、具体的にはよくわからないのですが、きのこの類で、非常に寿命が短くて、すぐ枯れてしまう。それに対して、大椿というのは何千年も寿命を保って、大木になる。逍遥遊では寿命の相対性をいうわけです。そして、そういう相対性を超えた世界を提示しています。文庫版のここの注では、「ここも寿命の長短の両極をあげて、生死の超脱を示した、と見られる」としましたが、一応そういうふうに解釈できると思います。寿命の長い仏もあり、寿命の短い仏もある。長生きする場合もあれば、短命である場合もある。寿命というものは、人それぞれであって、長いからといって必ずしもいいわけではないし、短いからといって必ずしも悲しむべきものではない。天寿として受け取るべきものであって、そのことによって、生死にとらわれない境地に至ることができるのだという、一応の意味付けを与えることができると思います。

もともとの公案では、そのように意味付けして解釈しても問題はないと思います。しかしこの場合も、圜悟の解釈では、その意味が失われてしまうことによって、捉え方が変わってくるのです。

著　語

著語を見てみましょう。「馬大師安らかならず」に対して、〔這《こ》の漢《おとこ》漏逗《ろうとう》少なからず。別人を帯累《まきぞえ》にし去る〕と著語しています。「漏逗」は、ボロを出すことです。大いにボロを出した。他の人を巻き添えにしてしまったぞ。病気のときに、自分だけですませないで、院主まで巻き添えにして、何ともボロを出したことだ、という揶揄したような言い方です。

院主の問いに対して、〔四百四病、一時に発す。三日の後に亡僧を送らずんば是れ好手。仁義道中〕。圜悟の著語も、馬大師の臨終のときの問答であることを前提として言っています。ありとあらゆる病気が一度に出てしまった。三日たって葬式をしないですめば結構なことだ、というのです。馬祖の最期が近いことを前提として言っているわけです。

院主の問いに対する「仁義道中」という著語は、院主を批判したもので、しかもかなり厳しい批判です。「仁義道中」は、世俗的な、しきたり通りだということです。重病で亡くなる状態にあって、そういう事態でこそ、禅僧というのは最期のはたらきを示す、重大なチャンスになるわけです。そういう事態において、「近日尊候如何」、ご機嫌いかがですかというのは、いかにもありきたりの問いの立て方です。結局、院主は常識を超えられなかった。それを圜悟の著語は、きわめて痛烈に批判しています。

最後の「日面仏、月面仏」に対して、〔可煞《はなは》だ新鮮なり、養子の縁〕。何ともあざやかだ。「養子」というのは、子どもを産み育てること。文庫版の注には、「ここの「子」は弟子。この親なればこその対応ぶり、優れた弟子を育てた馬祖ならではの対応ぶり、という意に取りました。しかし、この解釈には最近批判が出されており、「養子」は子どもを育てる意で、「養子の縁」とは可愛がりすぎ、老婆《ろうば》心切《しんせつ》の意に取るべきだ、と言われています(芳澤勝弘「岩波文庫版『碧巌録』箚記」『禅学研究』七六、一九九八)。

評唱

これだけでは、「日面仏、月面仏」というのを、圜悟がどう解釈していたかがわかりませんので、評唱のほうを見てみたいと思います。この評唱は比較的短いので、評唱というものがどのように書かれているかの見本として、全体を読んでみることにしたいと思います。

　馬大師安らかならず。院主問う、「和尚、近日尊候如何」。大師云く、「日面仏、月面仏」と。祖師若《も》し本分事《ほんぶんじ》を以て相見《しょうけん》せずんば、如何《いかん》ぞ此の道の光輝《かがや》くを得ん。此箇《こ》の公案、若し落処を知《さと》らば、便《すなわ》ち丹霄《たんしょう》を独歩せん。若《も》し落処を知《さと》らずんば、往《しば》往《しば》枯《こ》木巌前《ぼくがんぜん》に路《みち》を差《たが》え去《ゆ》く在《なり》。若《も》是《し》本分の人ならば、這裏《ここ》に到って、須是《すべか》らく耕夫《こうふ》の牛を駆《か》り、飢人《きじん》の食《じき》を奪う底《ほど》の手脚《てなみ》有って、方《はじ》めて馬大師の為人《いにん》の処を見るべし。

祖師がもし根本のところをもって対応するのでなければ、禅の道というのは輝くことができない。日面仏、月面仏において、いちばんの根底のところを正面から馬祖は提示しているのだ、ということです。「落処」というのは、それが落ちつくところ、結論、結果の意です。その終局のところがわかるならば、大空を一人歩く、そういう自由な境地に達することができる。もし落処を知らなければ、つまりどういうところに落ちつくのかがわからないならば、枯れ木や岩が立ちふさがるような山のなかで、道に迷うことになるぞ。

本来の境地に達した人ならば、ここに至るや、農民が耕作に使っている牛を追い立てたり、飢えている人の食べ物を奪ってしまうような、無慈悲に徹底して人を追い詰める、そういう手並みがあってはじめて、馬大師がわざわざ人のためにしている教え、馬大師の慈悲のある教えがわかるのだ。「耕夫の牛を駆り、飢人の食《じき》を奪う」とは、いかにもひどいことをするようですが、もちろんこれはあくまで喩えです。困っているからというので手を緩めるのでは、また意味の世界に逆戻りです。そこをさらにぐいぐい押し詰め、手も足も出ないようにしてしまう。耕作するのにも牛がなく、飢えていても食べ物がないような状態になって、はじめて意味的世界の解体に直面することができるのです。「日面仏、月面仏」というのは、それだけ重い、人間のあり方の根源を問うた公案であるというのです。

それはいいのですが、では「日面仏、月面仏」というのは結局、何なのかというと、まだわかりません。評唱の続きを見てみましょう。

如今《いま》多く人有って道《い》う、「馬大師は院主を接す」と。且喜《おめで》たくも没交渉《まとはずれ》。如今《いま》衆中多く錯《あやま》り会《え》し眼を瞠《みは》って云く、「這裏《ここ》に在っては、左眼は是れ日面《にちめん》、右眼は是れ月《がち》面《めん》」と。什麼《なん》の交渉《かかわり》か有らん。驢年《ろねん》にわたり未だ夢にも見ざる在《なり》。只管《ひたすら》古人の事に蹉過《さか》す。只如《たと》えば馬大師此《かく》の如く道《い》うは、意《い》什麼処《いずこ》にか在る。有る底《もの》は云う、「平《へい》胃散一盞《いさんいっさん》を点じ来たれ」と。什麼《なん》の巴鼻《はび》か有らん。這裏《ここ》に到って作麼生《そもさん》か平穏《へいおん》にし去《ゆ》くを得ん。所以《ゆえ》に道《い》う、「向上の一路は千聖《せんしょう》すら伝えず。学ぶ者の形《からだ》を労すること、猿の影を捉《とら》えんとするが如《ごと》し」と。只だ這《こ》の「日面仏、月面仏」、極めて是れ見難し。

今時、多くの人はこう言っている。馬大師は日面仏、月面仏と言って、院主を指導しているのだ、と。「且喜たくも没交渉」、つまり、おめでたくも的外れ。これも圜悟がよく使う言葉で、茶化したような言い方です。「おめでたくも」というのは本来いい意味の表現ですが、ここでは的外れという形で否定していて、ちょっと皮肉な、茶化した言い方になるわけです。

現今、多くの修行者たちは誤って理解して、目を見張って、「左目は日面で、右目は月面だ」と言っているけれども、まったく見当違いだ。「驢年」というのは、ロバの年ですが、これも解釈がいろいろあります。従来の解釈ですと、十二支のなかにロバの年がないので、いつまでたってもわからないということを喩えているのだ、といいます。入矢義高先生の解釈ですと、そうではなくて、ロバというのは当時、愚かなことを喩える、悪い意味の喩えです。ロバのように、わけもわからずウロウロしているだけで年を重ねても、結局、何もわからないぞ、ということになります。それでは、まったく古人の言っていることと、すれ違っている。

「左目は日面で、右目は月面だ」というのもよくわからない解釈ですが、当時、「日面仏、月面仏」の意味するところがわからなくなってしまったなかで、何とかそれに意味付けをして理解しようとした、いささかこじつけ的な解釈です。いずれにしても、これでは、あくまでも意味的な言語の枠を逃れられません。

「平胃散」というのは胃薬ですが、胃薬を一服盛ってくれ、という解釈もあったようです。病気だから胃薬をくれ、というわけです。「日面仏、月面仏」を日常的な次元に引き下ろして解釈しようというのは、それなりに面白いところですが、そもそもちょっと強引な感を免れません。いずれにしても、そのように意味的な次元で解釈しようとすることは、「什麼《なん》の巴鼻《はび》か有らん」。「巴鼻」は手がかりで、手がかりになるところがない。これもまったく見当違いだ。

さあ、こうなったときには、どうすれば堅固な立場を得られるのであろうか。「作麼《そ》生《さん》」も禅語としてあまりに有名ですが、どのように、という意味の口語です。「平穏」

は、今日「平穏無事」というときの平穏ではなく、確かであること、堅固であることの意です。われわれが堅固と思っていた地盤そのものが揺らいでしまっています。こうなったら、どうすればよいのでしょうか。

もはや意味連関を抜け出したこのどうしようもないあり方は、誰に聞いても教えてくれる人はありません。「千聖すら伝えず」で、昔から聖人と言われるような人たちでさえもまったく伝えていない。そもそも伝えることのできないことです。それを学ぶ者は、くたくたになって疲れきってもどうにもならない。あたかも、猿が水に映った月の影を捉えようとして、いくら苦労しても捉えることができないのと同じようなものだ、と言っています。それ故にこそ、「只だ這《こ》の「日面仏、月面仏」、極めて是れ見難し」と言われることになるのです。

では結局、圜悟は「日面仏、月面仏」をどのように解釈するのでしょうか。どうもその答えが出されていないようで、何だか不得要領な感じがするかもしれませんが、要するに、ああいう解釈もだめ、こういう解釈もだめ、といろいろな解釈を挙げてはそれを否定していくのです。これは圜悟が評唱でよく使う手で、公案にいろいろな意味付けを与え、それを意味言語の枠の中で解釈しようとする試みを、すべて徹底的に否定し去るのです。ですから、それに対して答えなどありえないのです。そして、そういうあらゆる意味連関を失ったところに、われわれを追い込んでいく。まさにそれは、「耕夫の牛を駆り、飢人の食を奪う」行為です。その果てに、すべての意味を奪い去ったところで、「無孔《むく》の鉄鎚《てっつい》」のようにどうにも動かしがたく「日面仏、月面仏」に直面させられる。さあ、そこでどうするか、というのが圜悟の問い詰めです。まさにそれは「千聖すら伝え」られないところで、もはや「平穏」の地平が崩れ去ってしまっています。

このように、圜悟の立場では、「日面仏、月面仏」が具体的に何かということは、問題にならなくなってしまいます。「麻三斤」と同じです。いずれにしても、これらの答えは、もともとは何らかの具体的な意味を持っていたはずですが、圜悟の時代になると、その内容がわからなくなってしまったものです。それを圜悟はむしろ逆用することによって、そこに意味連関を失ったそのものを提示する。そのようにはたらきをすり替えていくわけです。こうして「日面仏、月面仏」という、わけのわからない非日常的な、それ自体が意味連関を失った仏さまが、ぬっと顔を出してくるわけです。

もっとも、圜悟的な捉え方を徹底すると、「日面仏、月面仏」でも、「麻三斤」でも、「無」でも、何でも同じになってしまいます。極言すれば、その問答の場そのものが破壊されてしまい、病気の場面であろうが、そうでなかろうが、どうでもいいことになってしまう。垂示の言葉を借りれば、「太《はなは》だ孤危生《こきなり》」というところです。それに対して、状況を生かした、つまり「太《はなは》だ廉纖生《れんせんなり》」な見方も可能であるはずです。「与奪」という言葉がありますが、「奪」はすべて意味連関を破壊し尽くしてしまったところ、それに対して、「与」は意味連関を認めつつ、それが流動していくところです。

そんなわけで、多少圜悟の評唱の方向からずれますが、「与」の方向から読めば、この場合も、少なくとも重病の馬大師、臨終の馬大師によって提示された言葉だという状況は生かして読んでも、必ずしも不適当とはいえないと思います。死に直面した馬大師が提示するものは、死そのもの、あるいは生と死という不条理の中にあり、どうしても意味付けをはみ出してしまう人間のあり方そのものです。「ご機嫌いかがですか」という、いかにもありきたりのつまらない院主の問いに対して、馬大師がまさに死に臨んで、生死のぎりぎりで提示した答えは、日常の意味連関を失い、むき出しの生死の中に踊る人間の存在そのものです。

私たちの日常の中では、死さえもが意味連関の中に置かれています。人が死ねば、医者が確認し、そしてその後、葬式儀礼が待っている。すべてがきちんとマニュアルどおり進むわけです。最近、尊厳死・安楽死とか、また、臓器移植に伴う脳死の問題などがよく議論されますが、たとえば、脳死の際に、何をもって死と判定するかなどという議論は、まさに死をいかにして意味連関の中に置くかという典型的な議論です。もちろん、きちんとそうした議論を行なうことは重要であり、それをおろそかにすることは許されません。しかし他方、また当然ですが、死の問題をすべて医学や法律の問題に帰することはできません。宗教的レベルでも死を意味付けることは可能です。極楽とか天国とかいうのは、その典型でしょう。そうした意味付けを否定するわけではないけれども、どんなに意味付けても、やはり死は不条理に襲ってくるもので、その不条理性を覆いきることはできません。

「日面仏、月面仏」というのは、われわれの日常の意味連関の中で隠れている不条理な死そのものが、まさに日常の意味連関の切れ目からストレートにぐっと顔を突き出してくる、そのことに他ならないのです。あらゆる意味連関を失って目の前に飛びかかってくる死そのもの。そして、その死に直面するとき、死に対して非常に確かと思われていたわれわれの生もまた、同様に不可解なその容貌を顕し出すのです。圜悟の言うとおり、「這裏《ここ》に到って作麼生《そもさん》か平穏になし去《ゆ》くを得ん」です。

「日面仏、月面仏」は、まさに馬祖の一世一代の大説法です。そういう不条理な、意味的連関をはみ出した存在としての自分を、どう受け止めることができるのかという問いかけであり、それを受け止めえたときに、そこではじめて、禅における自由というものが実現されてくる。「日面仏、月面仏」という形で提示された、すべての意味連関を失った死、そして、死に直面する人間存在、それを自分が本当に受け止められるのか。このように読むならば、これは非常に重い公案です。

圜悟の評唱に戻って、ここまで読んできましたので、最後の短い一節も簡単に見ておきましょう。

雪竇此《ここ》に到って、亦《ま》た是れ頌し難し。却《かえ》って他《かれ》、見得透《けんとくとう》せるが為《ため》に、平生の工夫を用い尽して他《それ》を指注《さししめ》す。諸人雪竇を見んと要《ほっ》するや。下文を看取《み》よ。

これは、本則から雪竇の頌への橋渡しです。馬祖の重く難しい問いかけに、雪竇でもなかなか頌が付けられない。しかし、彼にはすっかりわかっていたから、日頃の修養のすべてを発揮して、はっきりと指し示した。皆の者、雪竇の意図を見ようとするならば、次の頌を見なさい、というわけです。

頌

そこで、頌を見てみましょう。

日面仏、月面仏。
五帝三皇、是れ何物ぞ。
二十年来曾《かつ》て苦辛し、君が為に幾《いくたび》か蒼龍《そうりゅう》の窟《すみか》に下《もぐ》る。
屈《くつ》。述ぶるに堪《た》えんや。
明眼《みょうげん》の衲僧《のうそう》も軽忽《おろそか》にすること莫《なか》れ。

最初の「日面仏、月面仏」というのは、本則の言葉をそのまま持ってきたものです。雪竇の時点でも、「日面仏、月面仏」のもともと持っていたであろう意味、あるいは『仏名経』に由来するという出典は、もはやわからなくなっていたようです。圜悟の著語では、〔口を開き胆《きも》を見《あらわ》す〕と言っています。肝胆相照らす、はらわたまで見せ合っているというわけで、馬祖と雪竇とがまったく同じ境地で、〔両面の鏡の相照して、中に影像無きが如し〕、つまり、二つの鏡が真正面から照らし合えば、そこには何も映し出されるものがない、互いに明々白々、すべてわかり合っている、というわけです。馬祖の境地をそのままそっくり雪竇が受け止めた、と圜悟は捉えているわけです。

雪竇は、「日面仏、月面仏」をそのまま持ってきたあとに、それに対して、「五帝三皇、是れ何物ぞ」と続けます。これは非常に問題になった句です。五帝三皇は、中国古代の伝説上の帝王です。ここでの文脈は、五帝とか三皇とかいう古代の帝王であっても、日面仏、月面仏の前にあっては何の意味もないのだ、ということです。

圜悟の評唱に、これが問題にされた経緯が述べられていますが、皇帝をばかにしている、非常に不敬な表現である、ということで問題にされたようです。そのことを圜悟は取り上げて、いろいろ弁護していますが、そこにもあるように、もともとは禅月《ぜんげつ》（八三二―九一二）という詩人僧の「公子行」（または「少年行」）という詩に出る言葉です。禅月の詩では、遊び人の若者たちが政治やら道徳やらの堅い話は知らないよ、という意味で「五帝三皇、是れ何物ぞ」と歌われているのですが、雪竇の頌では、五帝や三皇によって代表される政治や道徳の権威も、しょせんは世俗的な意味領域のもので、日面仏、月面仏にぶつかったらその価値を失う、ということです。どれほど世俗的に権力を持とうと、むき出しに襲う不条理の死の前には無力です。

馬祖が死に直面して提示したぎりぎりのところ、それが「日面仏、月面仏」です。死から照射することによって、この世界のすべての意味構造を剝ぎ取ってしまった。だから、そこでは世俗の権力も何の意味も持ち得ないのです。

「二十年来曾て苦辛し」、このことで二〇年来、自分は苦労してきた。「君が為に幾《いくたび》か蒼龍の窟《すみか》に下《もぐ》る」。馬祖のおかげで、龍がとぐろを巻いている恐ろしいそのすみかに、何度も潜っていかなければならないことになった。「屈」というのは冤罪を被ることです。自分は罪もないのに、ひどいことをされたということです。日面仏、月面仏などという、とんでもない問題を背負わされて苦労した、という意味です。「述ぶるに堪えんや」。何とも言いようがない、ひどいことだ。「明眼の衲僧も軽忽《おろそか》にすること莫れ」。目のある坊主は、このところを軽々しく見てはいけないぞ、と最後は教訓的に締めくくります。

このように、雪竇は、日面仏、月面仏の重さを、五帝三皇を超えるという表現の仕方で提示しています。死に直面したところで、日面仏、月面仏という形で提示される、意味連関を失っていくすさまじさ、それこそが問題である。それが、二〇年来苦労してきた禅の根本問題だ。そういうふうに見ているわけです。

これに対する著語や評唱、とくに評唱は五帝三皇の問題にわたっていますので、時間の関係もありますから立ち入ることはしません。以上、まとめますと、第三則は、「日面仏、月面仏」のもともとの意味が忘れられていくことによって、むしろ、意味連関を失った形での人間の死への直面ということが、正面から提示されたところがポイントになっているわけです。

4 解体する世界と「私」

世界の終末（第二九則）

ひとまず第三則はこれで終わり、意味的連関を失った世界の中での人間のあり方に関連した箇所を、もう二、三見てみたいと思います。一つは第二九則です。

僧、大隋《だいずい》に問う、「劫火《ごうか》洞然《とうねん》として、大千倶《とも》に壊《え》す。未審《そも》、這箇《しゃこ》は壊《え》するか壊《え》せざるか」。

隋云く、「壊す」。
僧云く、「恁麼《いんも》ならば則《すなわ》ち他《それ》に随い去《ゆ》かん」。
隋云く、「他《それ》に随い去《ゆ》け」。

ある人が大隋に問うた。「劫火」は、この世界の終末のとき世界を焼き尽くす火です。この世界を焼き尽くす火が燃えさかって、全世界が壊れてしまう。「大千」は、面倒な説明は略しますが、要するにこの全世界のことです。この世界を焼き尽くす火が燃えさかって、全世界が壊れてしまう。「這箇《しゃこ》」は、よく出てくる言葉で、もともとは「これ」という指示代名詞ですが、禅で使われるときには、言葉によって捉えられない主体そのもの、あるいは真理そのものを意味することがあります。「これ」と指示する以上に言語表現が不可能なそのものです。私の存在の根本となるものは壊れるのでしょうか。世界の終末に直面するとき、そのぎりぎりの場において、自己の根底はどうなるのか、という問いです。

それに対して大隋は、「壊《え》す」と、その「這箇」もまた世界とともに壊れてしまうのだ、と答えます。それに対して僧は、「恁麼《いんも》ならば則ち他《それ》に随い去《ゆ》かん」、そうであるならば自分の根源そのものに従っていくことにしましょう。世界とともに、這箇とともに自分も壊れてしまいましょう。それに対して大隋は、それに従っていったらいいだろう、と言うのです。

この問答は、まず大隋の「壊す」というところにポイントがあります。この世界がなくなるとき、存在のもっとも根本となるもの、あるいは主体そのものも同時に壊れてしまう。永遠な存在というものは考えられない。世界とともに、自分もまた壊れていく存在です。それに対して僧の答えは、それならば、自分もその世界に飛び込んで、這箇そのものになって、いっしょに壊れてしまいましょう、というもので、なかなか勇気のある答えであり、少なくとも、ある境地に至っていると言うことはできます。

それに対して大隋は、「他《それ》に随い去《ゆ》け」と言うので、きわめて突き放した答えです。僧の答えはあるレベルまで達しているのですが、大隋はもう一歩進める。僧の答えは、言ってみれば力みすぎている。そこに悟りくささが出すぎているわけで、それを突き放して、勝手にするがいいという感じの答えになっています。

ここでは、世界の終局という場を提示することによって、われわれの主体、私そのものの存在も、世界とともに壊れていく存在と認めて、その自己というものをどう受け止めるか、世界の破滅、自己の崩壊のなかで、むき出しに立たされた自己というものが、いかにしてあることができるか、そういう問い詰めです。世界の破滅というと、何か遠い未来のことのようで、およそ現実味がないようですが、そうではありません。この世界は、いまこの場において崩壊に直面しているのです。われわれが安全な世界に住んでいると思ったら、とんでもないことです。死が、意味的世界の崩壊が、われわれの足許を崩しているのです。そのとき、何か確かなものがありうるか。僧の問いはそれだけ厳しいものです。

大隋はそのいかなる可能性をも断ち切る。すべてが崩壊していくなかで、自分だけ安全であろうとすることはできません。その劫火の燃えさかる虚無の穴に、僧は頭から飛び込んでいく。そして、大隋はそれを引き止めるどころか、地獄の穴に向かってその背中をぐいと押してしまう。そういう恐ろしい問答です。

寒暑なきところ(第四三則)

もう一つ見ておきましょう。第四三則です。これも非常に有名な、考えさせる問答です。ここも本則だけ見ることにしましょう。

僧、洞山《とうざん》に問う、「寒暑到来せば、如何《いかに》か廻避《かいひ》せん」。

山云く、「何ぞ寒暑無き処に去《ゆ》かざる」。

僧云く、「如何なるか是れ寒暑無き処」。

山云く、「寒き時は闍黎《そなた》を寒殺し、熱き時は闍黎《そなた》を熱殺す」。

「闍黎」は、「ジャリ」とそのままで音読みして、「寒き時は闍黎《じゃり》を寒殺し、熱き時は闍黎《じゃり》を熱殺す」という言い方で、よく禅の坊さんなんかが言ったり書いたりする文句です。言葉としては、そんなに難しいことはないと思います。

ある坊さんが洞山に問うた、「寒いとき、暑いとき、どういうふうにしてそれを避けたらいいのでしょうか」と。それに対して洞山の答えは、「寒さとか暑さとかのないところへ行ったらいいじゃないか」。その坊主が、「寒さとか暑さとかのないところというのは、どういうところでしょうか」と問うと、洞山の答えは、「寒いときは、とことん寒くなれ。暑いときは、とことん暑くなれ」。

「殺」は殺すという意味ではなくて、徹底することです。寒いときは徹底的に寒くなれ、暑いときは徹底的に暑くなれ、というわけです。これは、処世訓的にも使えそうなところです。

しかし、これもよく考えると、並大抵なことではありません。寒さ暑さを避けようとする。どんなに避けても、寒さはやってくるし暑さはやってくる。それならば、自分が寒さそのものに飛び込んでいく、暑さそのものに飛び込んでいく。それから逃げるのではなく、その中に飛び込んでいくという方向をとるのです。

甲斐の恵《え》林寺《りんじ》の快川国師《かいせんこくし》が、織田信長に攻められて焼き殺されたときに、山門に籠もって、「心頭を滅却すれば火も自ずから涼し」と言ったという有名な話があります。心頭を滅却したからと言って火が涼しくなるはずはありません。いくら心頭を滅却しても、熱いものはどこまでも熱いはずです。「火も自ずから涼し」というのは、ここで「寒暑無き処」と言っているのと同じことであって、いくら火が涼しいと言っても、寒暑無き処と言っても、寒いときは寒いし、暑いときは暑いし、人間は死ぬときは死ぬのです。

そういうなかで、むき出しの形で、人間の存在が突きつけられている。そのなかにさらされているのです。日常の意味連関を剝ぎ取って、苛酷な世界そのものの真ん中に、自己は放り出されている。放り出された存在としての自己を生き抜く。そのときに、はじめて自由が得られるというのです。意味的な世界に保護されていた自己から、その覆いをすべて剝ぎ取って、それでもなおそこを生き抜くときにこそ、そこに本当の自由が実現するというのです。これは生半可のことではありません。

坐禅はどう位置づけられるか

このように考えてくると、いままで禅の思想を考えながら、重大な問題を落としていたことにお気づきでしょう。言語の問題を徹底して手がかりにしていく、徹底して突きつめていくと言った場合に、では、禅が言語にこだわっていったならば、坐禅をするという実践の問題はどうなるのか、まったくわからなくなってしまいます。言語論だけならば、坐禅は必要ありません。しかし、いまや禅で問題にしていることは、抽象的な言語論ではなく、「私」のあり方そのものを問う実践の問題であり、坐禅とは、その実践そのものに他なりません。坐禅というのは、意味連関的な世界から自己をもぎ取り、意味の崩壊の中へ自己を投げ出すことです。鉄餕餡《てっさんかん》、無《む》孔《く》の鉄鎚《てっつい》のような存在として、自己そのものをそこに放り出すのです。それが坐禅のはたらきです。

たしかに、一方では禅体験といわれるような体験的なものがあることは否定しません。それが、しばしば禅の魅力として語られるものです。しかし、いまのような文脈で見ていくならば、悟りを求めて坐禅をするわけでもありませんし、そもそも悟りなどどうでもよいことです。自己そのものを意味連関的な世界から、まさに解き放つ、その行為が坐禅であると考えられます。それを悟りと呼びたければ、悟りと呼んでも構いません。そういうふうに見ていけば、公案の言語の世界は、いささかも坐禅から切り離されるものではありません。

しかし、そうではありますが、『碧巌録』というテキストは、きわめてきわどい位置に立っています。このような禅の根本問題を、あくまでも言語の側面から徹底して解明していこうとする。本則に頌が付けられ、それにまた著語・評唱と重ねられてゆきます。そうすると、どんどんくどくなっていきます。

ところが、それに対して、圜悟の弟子である大慧《だいえ》は、きわめて峻烈に坐禅を押しつめようとして、あくまで言葉をそのための手段として見ていきます。そうすると、圜悟における、あまりにも言葉にこだわりすぎた世界は、異端というか、本来の禅の修行の邪魔になると見られてしまいます。大慧はそこで、自分の先生の『碧巌録』を否定して、『碧巌録』を焼き捨てるということをするわけです。

このように、『碧巌録』の評価は非常に難しいところがあります。坐禅の世界を解明していくと同時に、徹底して言葉にこだわっていくことによって、一種の文学的な形式の極限に至り、坐禅の実践的世界からはみ出してしまうところがある。そのすれすれのところに位置しているわけです。このきわどさ、緊張感が『碧巌録』の魅力を作っています。そんな書物であると、私は考えています。

今日は第三則を中心にしながら、言語論から存在論へと進み、人間存在のあり方をも問うてみました。次回は最終回になりますが、この順番で行きますと第四則を中心に見ることになります。第四則は問答的に展開して、潙山《いさん》と徳山《とくさん》の果たし合いのようなところのある、わりあい長い公案です。それを手がかりにして、禅において、意味連関を失った世界で、どのようにして人は主体的でありうるのか、また、人間対人間ということが実現するのか、という重要な人間論の問題を考えてみたいと思います。では、今日はここまでにします。

第四講　禅の人間論

1　禅における主体と自由

私こそ仏だ

いよいよ最終回になってしまいました。いろいろと話し足りないところも多く、うまく終わるかどうかわかりませんが、今日は主に第四則を取り上げます。これは潙山《いさん》と徳山《とくさん》とのやりとりで、禅の立場から、どういうふうに人間同士が関わることができるかという問題になり、そこから禅における倫理の問題などにわたりたいと思います。その前提として、まず人間における自己の主体のあり方をどう見るかということが問題になります。そういうわけで、今回は人間論の問題を見てゆくことにしましょう。

前回取り上げた第七則で、慧超《えちょう》が法眼《ほうげん》に、「如何なるか是れ仏」と問うたのに対して、法眼が、「汝は是れ慧超」、お前は慧超だよ、と答えたという問答に少し触れました。これは、いろいろと解釈ができますが、もっとも単純に解釈すれば、仏というのは外に求めるものではない、お前自身の内に求めなければならないのだ、と解釈されます。圜悟《えんご》はこういう解釈を乗り越えようとするわけですが、このような考え方は必ずしも新しいものではなくて、仏教に非常に早くからあるものです。インドの大乗仏教の経典でもすでに、自分の心がそのまま仏であるということが言われています。如来蔵《にょらいぞう》とか、仏性《ぶっしょう》とかいうのも、そのような思想の発展上に考えられます。そして、その思想が大きく展開するのは中国においてです。

そういう考え方を禅で摂取したものとして非常に有名なものに、馬祖《ばそ》の「即心是仏」という考え方があります。これは『碧巌録』には出てきませんので、『無門関』から取りました。

馬祖、因《ちな》みに大梅《だいばい》問う、「如何《いか》なるか是《こ》れ仏」。祖云《いわ》く、「即心是仏《そくしんぜぶつ》」。(『無門関』第三〇則)

「即心是仏」は、「即心即仏」とも言います。馬祖の「即心是仏」というのは、当時から広く知られていたもので、馬祖といえば「即心是仏」と言われていた特徴的な説です。これも、仏というものは外に求めるべきものではなくて、お前さんの心がそのまま仏だよ、というので、それ自体としては素直というか、けっして難解ではありません。もちろん、それをどう体得するかということになると、そうは簡単にいかないでしょうが、少なくとも理屈としては、そんなに難しくないと考えられます。

馬祖といえば「即心是仏」というのが有名になってしまいましたが、ところが逆に、

「非心非仏」ということも言っています。

馬祖、因みに僧問う、「如何なるか是れ仏」。
祖曰く、「非心非仏《ひしんひぶつ》」。（同、第三三則）

これは、「即心是仏」というのがあまりに有名になりすぎたために、あえてそれを逆転させたものと考えられます。心とか仏とかいうものを取り払ってしまう。心が仏だとかいうと、心とか仏とかいうものにこだわりが出る。そこで、どちらも否定してしまう言い方がなされるわけです。こういう伝統がありますから、自分の心が仏である、自分こそが仏である、という発想は非常に重要であると同時に、また、常にそこにとどまっていてはいけない、という面も忘れてはならないのです。

第七則に戻りますと、お前が慧超だというのは、外に仏を求めるのではなくて、自分が慧超であるという、自分の主体性を確立すること、それが仏ということなのだ、とひとまずは考えることができます。ところが、『碧巌録』では、そういう解釈をまだ浅いものとして否定します。前回も触れましたように、第七則の評唱では、「慧超は便《すなわ》ち是れ仏、所以《ゆえ》に法眼恁麼《いんも》に答う」という解釈は否定されています。

前回省略した評唱の続きを、ちょっと見てみましょう。

有る者は道《い》う、「大いに牛に騎《の》って牛を覓《もと》むるに似たり」と。有る者は道《い》う、「問処便《すなわ》ち是《ぜ》」と。什麼《なん》の交渉《かかわり》か有らん。若《も》し恁麼《いんも》に会《え》し去らば、惟《た》だ自己に辜負《そむ》くのみならず、亦《ま》乃た深く古人を屈せん。

牛というのは仏性のことと解してよいでしょう。有名なものに『十牛図《じゅうぎゅうず》』というのがあって、牛を次第に飼い慣らしていくことを禅の修行の段階に当てはめています。つまり、この解釈によると、自分に仏性がある、自分が仏なのに外に仏を求めている、それを批判したのだと解されます。次のは、「その問いはなかなかよろしい」というのですが、要するに、仏を求めて問いを発した、その志はよしとするが、もっと自分自身を省みてみよ、ということでしょう。このようにいろいろな解釈があるけれども、ぜんぶそれはだめだ。そんなふうに解釈したら、自分に背くことにもなるし、古人を不当におとしめることにもなる。「屈」というのは、無実の罪に落とすことです。

このように展開して、「慧超は便ち是れ仏」というような常識的な解釈が否定されるわけです。『碧巌録』の圜悟の立場では、「汝は是れ慧超」というのは、「お前は慧超だよ」と言うことによって、逆に慧超という意味の世界を壊してしまう。慧超という入れもの、言葉を壊したところに出てくる素っ裸の自分をそこで取り出す。そういうことが、ここで課せられているのです。

禅における自由というのは、言葉の世界、意味の世界が壊されたところにおいて、はじめて出てくるものです。これも前回言いましたように、死に直面したときに、その死から逃れるのではなくて、意味的なもののなかで捉えられた死ではない、意味を剝ぎ取った死そのもののなかに飛び込んでいく。あるいは、暑さ寒さという意味文脈を取り去った、それが壊れたところに飛び込んでいく。そこに自由が生まれてくると考えられるのです。

無位の真人

禅における自由の系譜において、非常に有名なのは『臨済録《りんざいろく》』です。『臨済録』は臨済宗の祖とされる臨済義玄《りんざいぎげん》(?―八六七)の語録で、日本の臨済宗では、『碧巌録』『無門関』とともに重んじられます。同書は、主体の自由を徹底的に追究した本であると言ってもいいと思います。そのいちばん有名な「上堂《じょうどう》」の箇所を、ちょっと見てみましょう。


上堂。云《いわ》く、赤肉団上《しゃくにくだんじょう》に一無位《むい》の真人《しんにん》有って、常に汝等諸人の面門《めんもん》より出入す。未だ証拠せざる者は看《み》よ看よ。

時に僧有り、出でて問う、如何なるか是れ無位の真人。

師、禅牀《ぜんじょう》を下って把住《はじゅう》して云く、道《い》え道え。

其の僧擬議《ぎぎ》す。

師托開《たっかい》して、無位の真人《しんにん》是れ什麼《なん》の乾屎橛《かんしけつ》ぞ、と云って便《すなわ》ち方丈に帰る。(岩波文庫『臨済録』一九八九、二〇―二一頁)

岩波文庫版の訳(入矢義高訳)もいっしょに読んでおきましょう。


上堂して言った、「この肉体には無位の真人《しんにん》がいて、常にお前たちの顔から出たり入ったりしている。まだこれを見届けておらぬ者は、さあ見よ!　さあ見よ!」

その時、一人の僧が進み出て問うた、「その無位の真人とは、いったい何者ですか。」

師は席を下りて、僧の胸倉《むなぐら》をつかまえて言った、「さあ言え!　さあ言え!」

その僧はもたついた。

師は僧を突き放して、「なんと〈見事な〉カチカチの糞の棒だ!」と言うと、そのまま居間に帰った。


これは非常に有名なところで、とくに「赤肉団上《しゃくにくだんじょう》に一無位の真人有」りという箇所は、『臨済録』の中では最も重要な言葉として、しばしば引用されます。「赤肉団」というのは岩波文庫版の注に、「生ま身の身体。『伝灯録』では「肉団心」とするが、それなら心臓のこと」とありますように、もともとは心臓のことであったと思われます。心臓に本当の主体的な存在があるというのは、インドに由来する考え方で、アートマンという、人間の根本にある精神的存在が心臓に宿っていて、親指大の存在であると言われています。そういうアートマン的なものが、もともと意味されていたと考えられます。さらに言えば、「真人」という言葉は老荘系のものですし、そうした複合的なものが臨済に流れ込んでいると考えられます。

「一無位の真人」はそうした背景を持ちながら、臨済の強調する純粋な主体そのものを意味すると考えられます。われわれの存在の根本になる主体そのもの、それこそが最も自由な存在であるということです。顔から出入りしているというのは、文字通り顔から出たり入ったりするというよりは、活動の自由さを言っているものと取っていいと思います〔「一無位の真人」については、最近研究が進み、新しい解釈が出ています。小川隆『臨済録』岩波書店、二〇〇八、第Ⅱ部第八章など参照〕。

僧が、「いったいどういうものですか」とたずねたときに、臨済は坐禅をしているところから下りてきて、その僧をつかまえて、「さあ言え言え」と言った。これは、お前の真人を出してみろ、というところです。しかし、その僧は答えられなかった。そこで臨済は、「無位の真人是れ什麼《なん》の乾屎橛《かんしけつ》ぞ」と言って捨て去ってしまった。「乾屎橛」というのは厄介な言葉で、古い注釈では、「くそかきべら」と解されてきました。しかし、この解釈には語学的な根拠がなく、入矢先生は、糞そのものであり、それが乾いてカチカチになったものを意味する、と解しました。このほうが文字通りの解釈であり、適切と考えられます。どちらにしても、汚い話です。文庫版の注では、「無位真人を絶対化することへの拒否」とありますように、「無位の真人」などと言っても、それを生かすことができなければ、しょせんはカチカチの糞の棒と同じではないか、ということになります。このように、臨済においては、「無位の真人」という主体そのものが、絶対化されたり固定化されたりすることを拒否し、いきいきとはたらく自由さが非常に重視されています。

『臨済録』には、このような思想がさまざまな言い方で出てきています。たとえば、「即今目前孤明歴歴地《れきれきじ》に聴く者、此の人は処処に滞らず、十方《じっぽう》に通貫し、三界《さんがい》に自在なり」と言っています。目の前ではっきり聞いているお前たち、本当のお前たちというのは、どこにも停滞することなく、自由自在にはたらくものなのだ、そういう自分自身になれ、というのが『臨済録』の教えなのです。そういう主体性のはたらきは、「活鱍鱍地《かっぱつぱっち》」という言葉で言われることもあります。ピンピン跳ねている主体そのものであらねばならない、ということです。

『碧巌録』も、もちろんこういう臨済の主体性の強調を受けていますが、もう一歩それを展開させています。すなわち、意味的な言語、日常的な言語世界、あるいは意味連関のなかで生きているその連関を解体してゆく、そこに出てくる自己そのものに直面するのです。

大雄峰に坐る（第二六則）

そういう思想は、いろいろな形で示されていますが、ここでは『碧巌録』に戻って、第二六則を見てみましょう。

僧、百丈に問う、「如何なるか是れ奇特の事」。
丈云く、「独《ひと》り大雄峰《だいゆうほう》に坐《ざ》す」。
僧、礼拝《らいはい》す。
丈、便《すなわ》ち打つ。

ある僧が百丈に対して、すばらしいことというのは何ですか、つまり、坐禅をすることによって到達されたすばらしい境地というのは、どういうところにあるのですか、と尋ねました。それに対して、百丈の答えは「独り大雄峰に坐す」というものです。大雄峰というのは百丈のいるところ、百丈山のことです。自分は独り、百丈山に坐っているだけだ、ということです。もともとの公案からすれば、特別のことはないのだ、奇特なんて、珍しいことがあるわけではない。ただ自分はここで、こうやって坐禅をしているだけのことだよ、ということで、そういう奇特を否定するような、日常性というか、普通のあり方へ引き戻す方向であると考えられます。

ところが、『碧巌録』の圜悟風の解釈でいきますと、「大雄峰に坐す」ということは、そこにどっかと坐り込む、意味連関を解体した世界の真っただ中に坐り込む、ということになります。著語を見てみますと、〔凜凜《りんりん》たる威風四百州〕と言っています。つまり、世界中、天下すべてに行き渡るこの堂々たる威風が、ここに示されているのだ、というわけです。「大雄峰に坐す」というのは、ここでただ坐っているだけですよ、というのではなくて、坐っているということが、まさに世界の真っただ中ですべてを威圧している。そういうあり方として提示されてくるわけです。

それに対して僧は、わかったような顔をして礼拝した。そこで百丈は、その僧の理解を、それではだめだということで一発打つわけです。『碧巌録』の圜悟の解釈は、もともとストレートな自己の主体のあり方や、日常的なところを重視するような話を、もう一歩突っ込んで、その意味的な世界を打ち壊して、まる裸の自分自身がそこに立つ、そういう方向に転じていくわけです。

倶胝が指を立てる（第一九則）

もう一つ見てみましょう。第一九則も非常に有名な話です。

倶胝《ぐてい》和尚、凡《およ》そ所問あれば、只《た》だ一指を竪《た》つ。

これはただこれだけの短い本則です。倶胝《ぐてい》という人は、何か人から問われたら、いつもただ指を一本立てるだけだった、というのです。その指こそ、すべての意味連関を超えたところで、絶対的にそこに打ち立てられてくる、そういう指です。鉄餕餡《てっさんかん》のように、切ろうとしても抜こうとしても、どうにも動かない指です。

評唱の中に、この話の後日談が出てきます。それによると、倶胝の様子を見ていた一人の童子が、自分もまねをして指を立てた。すると、倶胝は刀でその指を切ってしまった。童子が叫んで逃げようとすると、倶胝は呼び返して、また指を立てた。そこで童子は、はっと悟ったというのです。同じように指を立てても、倶胝と童子とでは、これだけはたらきが違うのです。

本則に戻りますと、その著語に、〔這《こ》の老漢也《ま》た天下の人の舌頭を坐断《ざだん》せんと要《ほっ》す〕と言われています。「天下の人の舌頭を坐断す」というのも、よく使われる著語です。「坐断」は古くはねじり切る、という意味に用いられた言葉ですが、宋代には、どっかと坐り込む、という意味で用いられます。この世界のあらゆる人の舌を押さえ込んで、ものを言えなくしてしまうことです。すべての言葉を奪い去ってしまう、そのすごいはたきが、一指のなかに込められているのです。意味連関を失った裸の自己に追い返していくということは、同時に、日常性を奪い去ることによって絶対的な自由が実現してくる、そういう場でもあるのです。

2　禅における他者

他者はいかにして成り立つか

そこで問題は、日常的な連関から飛び出しそれを壊してしまったときに、どうやって日常性に戻ることができるのか、他の人とのコミュニケーションの手段を徹底的に奪ってしまったときに、どうやってもう一度関係を持つことができるのか、そのことが今度は問題になってきます。

この辺は厄介な問題がありまして、禅においては、しばしば日常そのままが坐禅だと言われます。「独り大雄峰に坐す」という言い方ですと、ただ大雄峰に坐っているだけだというので、平々凡々の日常そのものが、そのまま坐禅である、すなわち、食べたり、飲んだり、眠ったり、それが坐禅である、ということもしばしば言われます。日常性が、そのままでいいのだという発想になるのですが、圜悟的な解釈を突きつめていくと、それがいつも壊されていくわけです。そうすると、どこで改めて日常性が成り立ってくるのか、ということが問題にならざるを得ません。

そうやって壊したところに、新しい日常性が成り立つのだ、という言い方もできるかと思います。たとえば、「否定を通しての肯定」などという哲学的解釈もありえます。しかし、それではあまりにも辻褄を合わせすぎというか、話がうまく行きすぎます。また、そのような過程論を読み込んでよいかどうかも疑問です。

日常性を壊すことを徹底していったら、どうなるかというと、一つの極において、禅の価値観はしばしば「狂」ということへと転回していきます。寒山拾得《かんざんじっとく》をはじめ、完全に社会生活を外れてしまった生き方が、しばしば理想化されます。このように、日常性を徹底的に逸脱してしまうのが一つの極端な方向だと思われます。それに対して、日常性を壊したところで、再びどのようにして日常性と関わることができるかというのは、非常に難しい問題です。

今日の主題になる、そこでどう他者と関わるかという問題は、どう日常性に戻ることができるか、他者とどうコミュニケートできるかという問題です。この問題は同時に、倫理という問題に関わってきます。日常的なものが徹底的に打ち壊されてしまったら、そこでは、ものの意味付けがなくなってしまう。ですから、われわれの活動は倫理性をもつ必然性がなくなってしまいます。倫理というのは、お互いにある役割があって、そこではじめて成り立ってくるわけですから、お互いの社会での役割を取り去ってしまったら、こうあるべきだとか、こうしなければならないとかいう義務がなくなってしまうことになります。

実際こういうことは、しばしば問題にされます。禅坊主というのは、いつも融通無碍で、ああでもいい、こうでもいいということになってしまう。そこでは自由自在かもしれないけれども、逆をいえば、やりたい放題であって、ルール無視になってしまう。まさに狂の世界であり、逸脱の世界になってしまいます。

これは禅だけの問題ではなくて、仏教全体として倫理がどういう形で成り立つのかというのは、けっこう厄介な問題です。キリスト教の場合ですと、基本的に神の愛があって、それを基にして隣人愛というものが生まれるわけですから、人間関係というもの、その間の倫理性というものが、はっきり基づくところがあるわけです。

ところが仏教の場合、他者とどう関わるべきか、倫理性、道徳性というものがどこから生まれるのかという、その基づくところが非常に曖昧なのです。悟りが目的とされた場合、道徳というものが、悟りのために必要な過程としては認められたとしても、究極的なところでは意味を持たなくなってしまうのではないか、という疑問がいつも付きまいうのです。このように、この問題は、仏教全体としても厄介なところがあるのですが、いまはそこまで問題を発展させることはひとまず措きまして、禅のなかでの問題として考えてみたいと思います。

禅のなかで考えた場合、先ほどのような方向で行くと、一見すると、他者との関わりが崩壊してしまうように見えますが、必ずしもそうではありません。このことは、禅の公案が、基本的にいえば、ほとんどが問答から成り立っているということからも知られます。問答というのは、他者との関わりのなかで生まれるものですから、禅の公案というのは、基本的に他者と関わっていくことのなかで形成されていることになります。

そこで、どのように考えたらよいのかが問題になるわけです。公案の問答において、対話がどういう形で成り立っているかを見ていきますと、いくつかのパターンがあります。一つは、一方が他方を徹底的にやっつけてしまう。第一則の、達磨が武帝をぜんぜん相手にしないようなパターンが一つあります。

しかし、いちばん多く見られるのは、指導者が修行僧に対して教えるものです。この第二のパターンでは、僧が何か問うて、それに対して偉い指導者が答える。「如何なるか是れ仏」という僧の問いに対して、指導的な立場にいるような人たちがいろいろな答えをして、それで修行僧を導くというもので、このパターンがいちばん多いのです。

それは、どういうふうに位置付けられるのかと言いますと、『碧巌録』でしばしば使われている言葉では、「為人《いにん》」とか「拖泥帯水《たでいたいすい》」とか「落草《らくそう》」とかいう言葉で言い表しています。

「為人」というのは、人の為にするということで、わざわざ人に教えてあげることです。指導者が相手に教えるために、ある場合には自分の本来の立場を曲げてまで相手に応じてあげる、そういう親切丁寧な態度です。

「拖泥帯水」というのは、泥まみれになることです。祖師と言われるような人たちが、わからない人たちを教えるために、自分も一緒に泥水のなかに浸かって、ベチャベチャに泥まみれになって、相手と同じ立場で教えることです。

「落草」というのは、落ちぶれることで、草ぼうぼうのなかに転げ回って落ちぶれていく。そういう形で、指導的な立場の人が相手に応じて、その立場に立って指導することです。

したがって、「為人」と言っても、「拖泥帯水」と言っても、「落草」と言っても同じことで、これがいちばん多いパターンです。しかし、それがさらにもう一歩進めば、同じ力量のもの同士がやりとりしていくパターンが生まれます。これが最も理想的な形になるわけで、対話の第三のパターンです。

このように、指導者と修行僧との対話は、修行僧がぜんぜんものがわからなくて、まだだめな場合には、第一の徹底的にやっつけられる方向に落ちていってしまいます。逆に修行僧が、それだけの力量を持っていれば、三番目になっていきます。そこで修行僧が悟ることもあるし、逆に指導者をやっつけてしまうこともあります。そこがうまくピタッといくのが、一つの理想です。

卵がうまく孵るには(第一六則)

そのことは、先ほどの第七則に戻りますが、評唱で、「法眼禅師、啐啄《そったく》同時底《の》機有り、啐啄同時底《の》用を具して、方《はじ》めて能《よ》く此《かく》の如く答話《こた》う」と言われています。「孵化の時、中の雛というのは、これも禅では常套句で、そこの注にありますように、「啐啄同時」と外の母鶏とが相応じて殻を破る。師弟の心機投合の喩え」です。卵が孵るとき、中から雛が殻をつつく。そのときに外から母親がつついてやる。両方がうまくぴったり合ったときに殻が破れて、そこで雛が生まれることができる。両方の気合いが、うまく合わなければ実現しないわけです。

この「啐啄同時」は第一六則では、それ自体が本則として取り上げられています。

僧、鏡清《きょうしょう》に問う、「学人啐《がくにんそっ》す、請う師啄《たく》せよ」。
清云く、「還《は》た活《い》くるを得る也無《や》」。
僧云く、「若《も》し活きずんば、人に怪笑《あざわら》われん」。

清云く、「也《ま》た是れ草裏《そうり》の漢」。

僧の最初の問いは、「自分は中から殻をつついています、先生、外からつついて破ってください」。鏡清、「お前は生まれ出ることができるのか」。僧、「もしここで生まれることができなければ、お笑い草ですよ」。それに対して鏡清は、「お前は草の中を転げ回っているやつじゃないか」と。ここでは、啐啄が同時になっておらず、僧がもう一歩のようです。いずれにしても、こういうふうに、啐啄同時であることが非常に重要なことになるわけです。

このように、禅においては、両者の気合いが合うことが非常に重視されます。そこにおけるコミュニケーションとは、いったい何なのか。当然、通常の意味連関のなかにあるコミュニケーションではありません。それを飛び越えたとき、あるいは、それを壊したとき、そこに生まれてくるコミュニケーションですが、それは、いったいどういうコミュニケーションなのか。そこでは裸のまま、むき出しの存在として、相手もむき出しのままぶつかり合うのです。日常的なルールが成り立たなくなってしまった、そういう世界でぶつかり合うことになるわけです。それは非常に危険というか、むき出しの刃物を持って切り合うような、ちょっとでも隙があれば命を失うような、そういうぶつかり合いであり、やりとりです。指導者の指導というのは、そういうぎりぎりの局面に自分を追い込み、そして相手をも追い込む。そこではじめて成り立つ。それが禅の問答の世界なのです。

3　潙山と徳山の果たし合い（第四則）

垂　示

以上のことを前提としまして、具体的に第四則を読んでみたいと思います。長いところですので、丁寧に読んでみたいと思います。垂示から読んでみます。

垂示に云く、青天白日、更に東を指し西を劃《かく》すべからず。時節因縁《じせついんねん》、亦た須《すべか》らく病に応じて薬を与うべし。且《しばら》く道《い》え、放行《ほうぎょう》するが好《よ》きか、把定《はじょう》するが好《よ》きか。試みに挙《こ》し看《み》ん。

青空に太陽が赤々と輝いている。そこには何も隠すものがない。あちらが東とか、こちらが西とかという方向づけも、そこではなくなってしまう。その時々にぴったり合った時点で、病に応じた薬を与える。相手のあり方に対して、ぴったりした対応の仕方をするのだ。「放行」は、相手の自由がままにさせることで、「把定」は、相手をグッと引き締めることです。好き放題にさせるのがいいのか、それとも引き締めたほうがいいのか。このあたりは、本則における潙山の徳山に対する対処の仕方を示唆するところがあります。そこで、「それでは、一つ取り上げてみよう」ということで、本則に入ります。

本則・著語

この本則は、いささか複雑な構成になっています。本則の間に、圜悟の著語ではなくて、雪竇の著語が入っていますので、少しややこしくなっているのです。圜悟の著語はひとまず措きまして、本文だけ読んでみます。


挙《こ》す。徳山《とくさん》、潙山《いさん》に到る。複子《ふくす》を挟《わきばさ》んで法堂上《はっとうじょう》を、東より西に過《わた》り、西より東に過《わた》り、顧視《みわた》して「無、無」と云って便《すなわ》ち出づ。

雪竇著語《じゃくご》して云く、「勘破《かんぱ》し了《おわ》れり」。

徳山、門首に至り、却《かえ》って云く、「也《ま》た草草にするは得《よ》からず」と。便《すなわ》ち威儀を具《ととの》え、再び入って相見《しょうけん》す。

潙山坐《すわ》りおる次《とき》、徳山、坐具を提起して云く、「和尚」。

潙山払子《ほっす》を取らんと擬《す》。

徳山便《すなわ》ち喝して、袖を払って出づ。

雪竇著語して云く、「勘破し了れり」。

徳山法堂《はっとう》に背却《せをむ》けて、草鞋《わらじ》を著《つ》けて便ち行く。

潙山、晩に至って首座《しゅそ》に問う、「適来《さきほど》の新到《しんいり》、什麼処《いずこ》にか在る」。

首座《しゅそ》云く、「当時、法堂《はっとう》に背却《せをむ》け、草鞋を著けて出で去れり」。

潙山云く、「此《あ》の子《おとこ》、已後《いご》孤峰頂上に向《お》いて草庵を盤結《かま》え、仏を呵《しか》り祖を罵《ののし》り去らん在《ぞ》」。

雪竇著語して云く、「雪の上に霜を加う」。


本文の中に三カ所、雪竇の著語が出てきます。それに、また圜悟が著語するわけですから、いささか複雑になっています。もとの話は、潙山と徳山という二人の問答で、潙山のほうが上です。修行中の徳山が潙山のところへやってくる。徳山の威勢のいいところと、それを潙山がうまくいなす、そのやりとりの面白さとも言うべきものです。基本的な話は、そんなにわかりにくいものではないと思いますので、ここでは、圜悟の著語も間に挟みながら解釈していきたいと思います。

徳山が潙山のところへやってきた。それに対して圜悟は、〔担板漢《たんぱんかん》。野狐精《やこぜい》〕という著語を付けています。「担板漢」は、板を肩に担いでいる男で、板を担いでいると、横を向いたり後ろを向いたりできない。つまり、いつも正面だけ見ている融通のきかない男というので、悪口なのですが、ひたすら前に突き進んでいくという意味では、むしろプラスの評価にもなります。この場合は、徳山の威勢のいいところを皮肉りながら、同時に、なかなかやるな、という感じの著語です。「野狐精」は、偽の禅者、悟りくささを振り回している人を言います。これも、徳山を野次ったような著語です。

「複子《ふくす》」は旅の荷物で、それを手に持って、「法堂《はっとう》」は説法をするお堂ですが、そこを東から西へ、西から東へ、つまり、行ったり来たりした。そこでは、潙山が説法をしていたはずですから、これは、ずいぶん傍若無人な振舞いです。

そこの著語に、〔不妨《したたか》に人を疑著《まどわ》しむるも、敗欠《しっぱい》に納《おわ》る〕とあります。「疑著しむる」は、何かあるぞと思わせる。これは、何かすごそうだぞ、と思わせるところまでは行っているけれども、結局は失敗だよ。これも、徳山に対する揶揄です。

「東より西に過《わた》り、西より東に過り」に対しては、〔可煞《はなは》だ禅有るも什麼《なに》か作《せ》ん〕と著語しています。禅の気迫はなかなかあるけれども、だからどうだというのだ。

徳山は法堂の中を歩き回った上で、見回して、「無、無」と言って出た。この場合の「無」というのは、あまり難しく考えなくていいでしょう。いないぞ、いないぞ。ここには、ろくなのがいない。自分の相手ができそうなのがいない。これも、ずいぶん無礼な言い方です。

これに対する著語は、〔好《よ》し三十棒を与《あた》えん〕、三十棒、棒打ちにしてやれ。〔可煞《はなは》だ気天を衝く〕、なかなか意気盛んだ。〔真の獅子《しし》児善《じょ》く獅子吼《しく》す〕。仏の説法のことを獅子吼と言いますが、この場合は、徳山の威勢のよさを言っています。

そこで雪竇の著語が入ります。「無、無」と言って出た徳山の行為に対する著語と考えられます。「勘破し了れり」、見破ったぞ。徳山の腹のうちなどお見通しだよ、という雪竇のコメントです。これは直接には、徳山を揶揄した言い方と見ていいのですが、これに対して、圜悟は必ずしもそうは取らずに、雪竇の著語を非常に重く取っています。評唱のその点を論じた箇所を見てみましょう。

雪竇著語して云く、「勘破し了れり」と。一《ひとえ》に鉄橛《てっくい》の似《ごと》くに相似たり。衆中には之《これ》を著語と謂《い》う。両辺に在りと雖然《いえど》も却《かえ》って両辺に住在《とどま》らず。作麼生《そもさん》か他《かれ》の「勘破し了れり」と道《い》うを会《え》せん。什麼処《いずこ》か是れ勘破の処。且《しばら》く道《い》え、徳山を勘破したるか、潙山を勘破したるか。

雪竇の一言、それは鉄橛《てっくい》のようにぐさりと突き刺さるものだ、というのです。「両辺」はいろいろに考えられますが、ひとまず潙山と徳山の二人と考えてよいでしょう。徳山を見破ったのか、潙山を見破ったのか、ということは、徳山とか潙山とかに止まるのか、ということです。他人事かと思っていると、お前の腹の底まで見破られているぞ、というのです。

また本則に戻りますが、「勘破し了れり」に対して圜悟が著語していますが、これは非常に重要な著語です。〔錯《たが》えり、果《は》然《た》して、点〕。この三語だけで、解釈が難しい著語です。文庫版の注で、「難解。まず「錯《たが》えり」と否定し、「果《は》然《た》して」と納得した上で「点(そこだ)」と指し示している、か」としてあります。「点」というのは、ある一点を指し示す。ここだ、というわけです。ですから、この著語は、雪竇の著語に対して、「ちょっと違うぞ。しかし、ウーン、なるほど。まさに、そこだ」というわけで、最終的には、ここぞポイントだという言い方になっています。

雪竇の著語は三カ所にあります。次は徳山が出ていってしまったところで、これも全く同じで、「雪竇著語して云く、「勘破し了れり」」。これに対しても、〔錯《たが》えり、果《は》然《た》して、点〕と同じ著語が付いています。もう一つはいちばん最後のところで、「雪竇著語して云く、「雪の上に霜を加う」」。これにも、〔錯《たが》えり、果《は》然《た》して、点〕と、やはり全く同じ著語を圜悟は付けています。

その「点」に対して、評唱の冒頭のところを見てみますと、こう言われています。

夾山《かっさん》は三箇の「点」の字を下す、諸人還《はた》た会《え》すや。有る時は一茎《ひとくき》の草を将《もっ》て丈六の金身《こんじん》の用《はたらき》を作《な》し、有る時は丈六の金身を将《もっ》て一茎の草の用《はたらき》を作《な》す。

「夾山《かっさん》」というのは、圜悟自身のことです。自分はここで三個の「点」という著語を付けた。これを、みんなわかるか。「丈六の金身」は仏陀のことです。この「点」こそが、一本の草をして仏陀のはたらきをなさしめるし、あるときには逆に、仏の体をして一本の草のはたらきをなさしめる。そういう自由自在なはたらきを示すのだ。この「点」にこそ目をつけよ、ということです。

雪竇のもとの「勘破し了れり」では、もっと単純だったはずなのですが、もう一つ雪竇の言葉を打ち壊した、その根底のところで、まさに「点」、ここだ、と指し示すのです。それがいままでお馴染みになった圜悟のやり方です。

今回は、本則と雪竇の著語と圜悟の著語を一まとめにして読んでいますが、このように、もともとの話の流れを断つように、意味の連関を打ち壊していくところに、圜悟の著語のはたらきがあることがわかってくると思います。

本則の話の続きに戻ります。徳山は威勢よく、「無、無」と言って、ここには自分と対等にできるやつはいないというわけで、出てしまう。門のところまでやってきて、そこで立ち止まって反省するわけです。「也《ま》た草草にするは得《よ》からず」は、あまりおろそかに、いい加減に考えてはいけないぞというわけで、ちょっと反省する。どうもやりすぎたようだ、少し頭を冷やしてみよう、という感じです。

それに対する圜悟の著語は、〔放去し収来す〕。放去と収来というのは、先ほどの垂示に出てくる放行とか把定に近いのですが、いままでは、し放題にしていたので、ここで気を引き締めたわけです。〔頭上《はじめ》は太《はなは》だ高生《たかく》、末後《おわり》は太《はなは》だ低生《ひくし》〕、はじめは意気軒昂で、最後は低姿勢。〔過《あやまち》を知って必ず改むるは能《よ》く幾人か有らん〕、これは『論語』の文句を踏まえていますが、自分が間違っていたからといって、それを改めることができる人はなかなかいないぞ。これは自分の過ちに気の付いた徳山を、いささか褒めている感じです。

そこで徳山は考え直し、威儀を整えて、もう一度入り直して、そこで潙山にお目見えした。それに対する著語は、〔依前《いぜん》として這《こ》の去就を作《な》す〕、相変わらず、こんなことをしている。〔已《すで》に是れ第二重の敗欠《しっぱい》〕、また二度目の失敗だぞ。〔嶮《あや》うし〕、危ない、危ない。これもまた、徳山を揶揄した感じです。

「潙山坐りおる次《とき》」に対する著語は、〔冷眼《ひややか》に這《こ》の老漢を看る。虎鬚《こしゅ》を捋《ひ》くは也《ま》た須是《すべか》らく這般《かか》る人にして始めて得《よ》し〕、徳山は潙山を冷やかな目で見た。威勢のいい虎の鬚《ひげ》を抜くのは、潙山のように平然と坐っているような人でなければできないことだ。これは、潙山について言っています。

「徳山、坐具を提起して云く、「和尚」」。「坐具」というのは、礼拝するときなどに下に敷く敷物、布です。それを手に持つのは、礼拝するときの決まったパターンでありまして、ここでは、きちんと威儀を正して、作法どおりということです。そこで、「和尚」と呼びかけたわけです。それに対する著語は、〔頭《こうべ》を改《あらた》め面《おもて》を換《か》え、風無きに浪を起す〕、頭をすげ換えた、いままでとぜんぜん違う態度になった。しかし、その態度は一見殊勝らしいが、実は風のないところにわざわざ波を起こすようなもので、ここでまた一波瀾。「潙山払子《ほっす》を取らんと擬《す》」、潙山は払子に手を伸ばそうとした。潙山は、徳山を懲らしめてやれということで、払子に手を伸ばす。それに対する著語は、〔須是《すべか》らく那《か》の漢にして始めて得《よ》し〕、これだけの男でなければだめだ。徳山のような意気盛んなのをやっつけられるのは、潙山ほどの人物でないとだめだ。〔籌《はかりごと》を帷幄《とばり》の中《うち》に運《めぐら》す〕、戦争のとき部屋の中で計略をする。自分は戦場に出ていかないで、部屋の中に坐っていて、それで兵を動かす。潙山は坐っていて行動を起こさないけれども、そこで徳山をやっつけてしまう。〔不妨《したたか》に天下の人の舌頭を坐断す〕、これは先ほども触れましたが、天下の人の舌を押さえ込んで、ものを言えなくさせてしまうことです。潙山のはたらきを言っています。

本則を見ていきますと、潙山のほうがしてやられた感じです。「潙山払子を取らんと擬」の次に「徳山便《すなわ》ち喝して、袖を払って出づ」で、徳山は一喝して、袖を打ち払って、また出てしまいました。潙山が対応しようと思って払子に手を伸ばした瞬間、徳山は、それより一歩先んじて、一喝して出てしまったのです。

これだと、徳山のほうが威勢がよくて、潙山はたじたじという感じですが、圜悟の著語は潙山のほうを褒めているのです。のちに見るように、雪竇の頌においても、どちらかというと潙山の勝ちみたいな感じになっています。徳山のほうが非常に威勢はよかったのだけれども、雪竇や圜悟は、むしろ潙山のほうがもう一枚上だ、という方向で読んでいるようです。もっとも、あとのほうの著語では、どちらもどちら、という感じになります。

「徳山便ち喝して、袖を払って出づ」に対する著語は、〔野狐精《やこぜい》の見解《けんげ》〕、なま悟りのやり方だ。これは批判的な感じですが、次の著語はちょっと風向きが変わります。〔這《こ》の一喝《いっかつ》也《ま》た権《ごん》有り也《ま》た実《じつ》有り、也《ま》た照《しょう》有り也《ま》た用《ゆう》有り。一等《おな》じく是れ雲を拏《と》り霧を攫《つか》む者のうち、就中奇特《とりわけすぐれ》たり〕、ここでは徳山を褒めています。権は方便的なはたらきで、実は真実です。照は照らし出すはたらき、用は自由自在に動き回るはたらき。権あり、実あり、照あり、用あり、というのは、自由自在なあらゆるはたらきがこの一喝のなかに含まれているのだ、ということで、この一喝を褒めています。等し並みに、雲とか霧とかを摑まえるようなはたらきのあるやつはたくさんいるが、そのなかでも徳山は、とくに優れている。このように徳山を褒めています。

ここで、また雪竇の著語が入り、「勘破し了れり」。徳山のやり方、お前のやり口なんぞは、もう見破っている。お見通しだ。それをまた圜悟が、〔錯《たが》えり、果然《はた》して、点〕。

同じ著語を、また付けています。

「徳山法堂に背却《せをむ》けて、草鞋《わらじ》を著けて便ち行く」。さっさと徳山は出ていってしまった。相変わらず徳山は威勢がいい。それに対する圜悟の著語は、〔風光愛すべきも、公案未だ円《まど》かならず〕、見かけはご立派だが、与えられた問題はまだ十分に答えられていないぞ。〔項上の笠を贏《か》ち得て、脚下《あしもと》の鞋《わらじ》を失却《うしな》う〕、笠だけは何とかかぶったけれども、草鞋は忘れてしまった。徳山が帰ったときの様子を、皮肉りながら言っているわけです。頭の上を見た分にはなかなか立派そうだけれども、肝腎な足許がおぼつかないぞ、と徳山を批判しているわけです。

〔已是《すで》に喪身失命し了《おわ》れり〕。「喪身失命」は、文字通り命を失うことなのですが、ここでは、完全に打ちのめされた、徹底的にやられた、という感じです。徳山は威勢がよくて、一見すると、徳山が潙山をしてやったみたいだけれども、徳山のやり方はまだだめだ。肝腎な足許ができておらず、してやられてしまった、という批判的な著語です。

「潙山、晩に至って首座《しゅそ》に問う、「適来《さきほど》の新到《しんいり》、什麼処《いずこ》にか在る」」。「首座」とは、禅堂の中で指導する、修行僧のなかでは上の位置にいる人です。潙山は夜になってから、首座に対してたずねた。さっきやってきた新米は、どこへ行ったか、と。

〔東辺に落節し、西辺に抜本す〕。この著語は問題のある著語です。文庫版の注では、「「落節」はへまをやる、「抜本」は元手をする意、か」とあって、やや疑問を付けています。東のほうで損をして、西のほうでは元手まですって、すっからかんになってしまった、という意味合いと考えています。ところが、それだと他のところで解釈が合わないようなところがあります。そこで逆に、抜本というのは、元手を取り返したという意味に解する説があります。そうすると、先ほどは損をしたけれども、今度はその元手を取り返したぞ、となります。最初の解釈ですと、ここで徹底的に、潙山はすっからかんになってしまったのですが、あとのほうの解釈ですと、一本取り返したことになります。〔眼《まなこ》東南を観て、意《い》西北に在り〕。首座のほうを見て、首座にたずねているけれども、その根本のところ、意図するところは違うぞ。単純な首座への問いではないのだ。どこにいるか、という単純な問いではないのだ。もっと根本のところがあるのだ。首座に対する問いを、もう一歩深く見よ。ということは、徳山がどうしたとかいう他人の問題ではないのだ。「どこにいる」と問われているのは、第三者のことではない、お前自身の問題として受け止めなければいけない、という注意です。

それに対して首座の答えは、非常にストレートで、「先ほど法堂に背を向けて、草鞋をつけて行ってしまいました」と答えています。それに対して著語は、〔霊亀《れいき》尾を曳《ひ》く〕。これは、もともとは『荘子』に出ている喩え話ですが、霊妙な亀であっても、まだ尻尾を引きずってそのあとを残していく。つまり、悟って自由自在に見えながら、悟りくささのあとが見えるぞ、ということです。首座の答えは潙山に対してうまく答えたようだけれども、もう一歩だ、という批判です。〔好《よ》し三十棒を与えん〕、こんなやつ、三十棒を与えてやれ。〔這般《かか》る漢は脳後に多少喫《しこたまくらわ》す合《べ》し〕、後頭部をたっぷりぶちのめしてやれ。

首座の答えに対して潙山は、「此《あ》の子《おとこ》、已後《いご》孤峰頂上に向《お》いて草庵を盤結《かま》え、仏を呵《しか》り祖を罵《ののし》り去らん在《ぞ》」。あいつめ——徳山のことです——、屹立した高い峰、人も行かないような険しい山のてっぺんに草庵をつくって、仏や祖師を叱り飛ばすような、すごいやつになるぞ。「盤結」は、蛇がとぐろを巻く様子ですが、がっちり構えて動かないことです。徳山の威勢のいいところを、これは将来すごいやつになるぞ、と褒めたことになります。

それに対する著語では、〔賊過ぎし後に弓を張る〕。盗賊が逃げてしまってから、一所懸命に弓を張っている、手遅れだということです。〔天下の衲僧《のうそう》跳《ぬ》け出せず〕。誰も徳山をやっつけられないぞ。ここでは、徳山を褒めている感じです。

最後の雪竇の著語、「雪の上に霜を加う」。これは厄介な言葉です。文庫版では「余計なデコレーション。無意味な色付け」と注が付けてありますが、雪がある上に、また霜をのせた。そんなことはいまさら必要ない、ということで、結局、余計なことだ、ということになります。

ただ、ここは別の解釈も可能です。「雪の上に霜を加う」には、もう一つ意味があります。それは、雪でも寒いのに、その上にまだ霜のおまけ付きだというので、寒い上にも、寒さで震え上がらせるという意味です。泣き面に蜂というか、雪でブルブル震え上がっているところへ、さらに冷たい霜をくっつけた、という意味合いです。ここの「雪の上に霜を加う」は、後者の意味で取ったほうがいいかもしれません。そのことはあとで触れますように、雪竇の頌とも関係します。

そういうふうに取ると、雪竇の著語は、潙山の最後の言葉、「あいつめ、将来、人を寄せつけないで、ものすごくなるぞ」という言葉を、徳山に対する追い討ちと取り、さんざん徳山をやっつけて、その上、最後の駄目押しだという感じになります。すなわち雪竇は、潙山の勝ちだ、徳山をうまくいなしてやった、という感じで取っていると考えられます。

この雪竇の著語にも、圜悟は、〔錯《たが》えり、果然《はた》して、点〕と付けています。

本則の潙山と徳山の問答を、雪竇の著語を一緒に読んで、さらに圜悟の著語も一緒に読んでみますと、潙山と徳山の関係は、なかなか微妙です。ストレートに見ると、徳山がものすごく威勢がよくて、潙山を一本やっつけてしまったという感じになります。潙山は、こいつは若くて生意気だけれども、なかなかやる、将来、立派になるぞ、と褒めたというのがいちばん素直な取り方です。ところが雪竇の取り方では、徳山は一本槍でぎゅうぎゅうやっていって、威勢はいい、それに対して潙山は、してやられたみたいだけれども、徳山の一本槍をうまく柳に風と受け流して、実は潙山のほうが一本取っているのだ、潙山の勝ちだ、という取り方をしているようです。

圜悟は、どちらもどちらで、褒めたりけなしたりしていますが、むしろ雪竇の著語に重点を置いて、それに三個の「点」を下して、最終的にそれに同意しています。最後の「雪の上に霜を加う」に対して、評唱で「若《も》し見得し去らば、你《なんじ》を潙山・徳山・雪竇と同参なりと許《みと》めん」と言っているように、三者を同格に置きながら、雪竇の著語を手がかりにその世界に参入することができる、としています。

このように、こういう問答は、言葉をやりとりし、あるいはここでは行動をもやりとりしていく。そのやりとりは、日常的な規範、意味を持った規範を飛び抜けたところで行なわれる。そこに雪竇が加わり、また圜悟が加わる。さらに、われわれもそこに加わっていく。通常のコミュニケーションを超えたところに、こうして丁々発止の緊張感をもったコミュニケーションが成り立ってくる。それは時間・空間の制約を超えて成り立つものです。

それはまた力量次第で、きわめて不定形なものであって、ある一義的な意味が必ずしも決めきれない。どちらが勝ったとも言いきれない。さらにそれに、読み取る側が加わっていく。その力量によって、どうとでも動いていく。そういう流動性を持っていると考えられるのです。それが禅問答の面白さです。日常的な言葉のやりとりが解体し、コミュニケーション不可能のぎりぎりのところにきわどく成り立つ緊張感、そこにこそ自由なはたらきがあると考えられるのです。

頌

以上、ひとまず本則を終えました。次に、雪竇の頌を見てみたいと思います。時間もありませんので、圜悟の著語は略して、雪竇の頌だけ見てみます。

一たび勘破し、二たび勘破す。
雪の上に霜を加え曾《かっ》て嶮堕《けんだ》す。
飛騎《ひき》将軍虜庭《りょてい》に入る、
再び完全《まっとう》し得るは能《よ》く幾箇《いくたり》ぞ。
急《あわ》て走過《にげさ》らんとするも、放過せず。
孤峰頂上草裏《くさむら》に坐す。咄《とつ》。

「一たび勘破し、二たび勘破す」は、本則の中に雪竇が自分で付けていた著語を、またここで持ってきています。最初も見破り、二度目も見破った。ストレートには、徳山に対して見破ったということになると思います。

その次に、先ほどの「雪の上に霜を加え」が出てきます。ここは、第三番目の著語を念頭に置いていると考えますと、追い討ちをかけて、さらにもう一つやっつけている。「嶮堕《けんだ》す」は、ぎりぎり、危ない、危ない、ということですから、潙山の徳山に対するやり方を言っていると見たほうがいいと思います。

飛騎将軍は漢の李広で、有名な将軍です。敵の捕虜となって、危ないなかを脱出するという話があります。ここでは徳山のことを喩えています。徳山は相手に捕らわれて、つまり、潙山の懐の中に捕らわれたけれども、「再び完全《まっとう》し得るは能《よ》く幾箇《いくたり》ぞ」、そこから見事、逃げ出せる者が、いったいどれだけいるか。ここでは徳山を褒めています。捕らわれたけれども、潙山のところから見事に逃げおおせたのは、誰でもできることではない。ここでは一応、徳山を褒めますが、その次は潙山に話を戻します。

「急《あわ》て走過《にげさ》らんとするも」、徳山があわてて逃げ去ろうとしたけれども、「放過せず」、潙山はそうは簡単に逃がさない。「孤峰頂上草裏《くさむら》に坐す」は、潙山が徳山を孤峰頂上の草むらに坐らせた、という解釈がいいでしょう。本則の最後の、潙山の「こいつは将来、孤峰頂上で草庵を盤結するぞ」という言葉を指しています。それは潙山の追い討ちであって、相手の徳山を捕まえて、孤峰頂上に坐らせてしまったというので、潙山のほうがもう一つ上だぞ、という感じです。

「草裏に坐す」は、あまりいい意味ではありません。潙山はそれを超えているのだというので、潙山の勝ちと見ているわけです。「咄」、コラッと最後に叱り飛ばします。頌では両者の丁々発止を見事に唱って、潙山のほうが一枚上だという捉え方をしているようです。

問答というのは、それ自体が一筋縄でいかないし、それをどう読み取るかというところで、読み取るほうの力量が問われてきます。それが禅の問答です。通常の日常的な言語の世界、意味的な領域に戻ってくるわけではなくて、むしろ、それを超えたところで、お互いに相手の着ているものを剝ぎ取りながら、裸同士でぶつかり合う世界になっていくのです。そういうところで、はじめてお互い同士の、まさにわかり合うところが出てくると考えられるのです。

雪竇の頌に対する、圜悟の最後の著語だけ見ておきましょう。「咄」に対して、〔会《え》すや。両刃相傷つく。両両三三旧路を行き、唱拍《しょうはく》相随う。便《すなわ》ち打つ〕。わかったか、お互い同士、相討ちだ。裸の刃をお互いに切り合って、両方相討ち。二人、三人、これは徳山、潙山、それに雪竇も加えて、相変わらず、いつもながらの道を仲良く行くことよ。傷つけ合うところで、はじめてお互い同士、仲良く行く。「旧路」は、仏祖の道、仏の道と言ってよいでしょう。「唱拍相随う」、一方が歌えば、一方が拍子を取る。まさに息の合ったところだぞ。「便ち打つ」は、圜悟が著語をひと区切りしたところで、そこでビシッと一打ちした。そういう動作を言っています。丁々発止の切り合いのところで、はじめてお互い同士、仏祖の道を行く。そういう息の合うところが成り立ってくる関係になっていくと考えられます。

4　対他性と倫理

南泉、猫を斬る（第六三、六四則）

こうした見事に息の合ったやりとりの例として、もう一つ、第六三則、第六四則を見ておきたいと思います。これは非常に有名な話で、第六三則と第六四則は連続しています。これは本則だけ見てみたいと思います。南泉《なんせん》と、お馴染みの趙州《じょうしゅう》が出てきます。まず、第六三則の本則です。

南泉、一日《あるひ》、東西の両堂、猫児《ねこ》を争う。南泉見て遂《つい》に提起して云く、「道《い》い得ば即ち斬らず」。
衆対《こたえ》なし。
泉、猫児を斬って両段《ふたつ》と為《な》す。

南泉のもとで、ある日、東西の両堂、これは修行僧の僧堂が東西に分かれていますので、その両方の僧堂のことですが、その僧たちが、一匹の猫をめぐって争っていた。

『祖堂集《そどうしゅう》』というテキストによりますと、南泉の第一座(修行僧の筆頭)が猫を飼っていて、ある日、その猫が隣の単(坐禅をする椅子)の脚をひっかいたことがもとで喧嘩となった、というということです。

そんなことがあって、一匹の猫をめぐって東西の両堂の僧たちが喧嘩をした。南泉はそれを見て、「道い《い》得ば即ち斬らず」と言った。『伝灯録』によりますと、「道い得れば即ち猫児を救取せん。道い得ざれば即ち斬却せん」とあります。言うことができたら猫を救ってやるが、できなければ斬ってしまうぞ、というのです。何を言うのかというと、猫を手がかりにしてお前たちの境地を示してみよ、ということです。猫を問題としながら猫を超えて、南泉は、根本のところを一言いってみろ、というのです。それに対して誰も答えられなかった。そこで南泉は猫をまっ二つに斬ってしまった。

そこへ、南泉の弟子で、お馴染みの趙州が出てきます。それが第六四則です。

南泉復《ま》た前話を挙《こ》して趙州に問う。
州便《すなわ》ち草鞋《わらじ》を脱ぎ、頭上に戴《の》せて出づ。
南泉云く、「子《そなた》若《も》し在らば、恰《まさ》に猫児《ねこ》を救い得てんに」。

趙州はそのとき、どこかへ出かけていたようです。趙州が戻ってきたときに、南泉はこのことを趙州にたずねた。お前ならどうするか、と。趙州は草鞋を脱いで、それを頭にのせて出ていってしまった。そこで南泉が、お前がいてくれたら、猫を救うことができたのに、というわけです。趙州が草鞋を脱いで、それを頭にのせて出ていったことが、つまり言い得たということであって、それを南泉は認めたことになります。

ここでは、南泉と趙州の間において、はじめて対等なやりとりが成り立っている。それに対して、他の坊主たちは、南泉と趙州のぎりぎりのやりとりのなかに加わることができなくて、脱落してしまった。趙州が草鞋を脱いで頭にのせたというのは、どういうことなのか。これも厄介で、よくわからない。禅文化研究所で出している『伝灯録』の注によると、「無心の猫戯の自演によって、場そのものを猫のたわむれの日常へ戻した。南泉のおとなげなさ(意識過剰の演技)を諷刺し、その硬直性を解きほぐした」(『景徳伝灯録』三、一九九三、一二一頁)と解釈しています。

中国ですから、草鞋というのは靴のようなものだと思いますが、草鞋を頭へのせて出たということは、普通は足に履くものを頭にのせたということで、人間のやり方ではないということでしょう。それで猫の姿を示したものと取ることができます。趙州のやったのは、人間同士が猫を争っているのに対して、人間同士からはみ出したところで、自分は猫になってみせた、ということであろうかと思います。人間同士の、あれかこれかというやりとりのなかでは捉えられないところから、ぜんぜん別の猫の立場に脱することによって、そこに硬直しない自由さが生み出されるのです。

ひとまずこのように取ることができますが、例によって『碧巌録』では、圜悟は必ずしもそう簡単には取っていません。いつもの評唱のやり方と同じで、これに対するいろいろな解釈を挙げて、あれもだめ、これもだめ、と切り捨てていきます。評唱の一節を見てみましょう。

人多く錯《あやま》り会《え》して道《い》う、「趙州は権《かり》に草鞋を将《もっ》て猫児と作《な》す」と。有る者は道う、「他《かれ》の「道い得ば即ち斬らじ」と云うを待って、便《すなわ》ち草鞋を戴《の》せて出で去る。自是《もと》より你《なんじ》が猫児を斬るのみ、我が事に干《かかわ》らず」と。且得没交渉《さてもまとはずれ》。只だ是れ精魂を弄《ついや》すのみ。殊に知らず、古人の意は天の普《あまね》く蓋《おお》うが如く、地の普く擎《ささ》ぐるが似《ごと》きを。他《か》の父子は相投じ、機鋒相合《かな》う。那箇《かれ》頭を挙《しめ》せば、他《かれ》便ち尾を会《え》す。

二つの解釈を批判しています。第一の解釈は、草鞋を猫に見立てたという解釈が当時あったのでしょう。第二の解釈は、それはお前さんの勝手だよ、自分の問題ではないよ、という意思表示だとする解釈です。それを、どちらも的外れだと批判します。「精魂を弄《ついや》す」は、憑かれたような動作、狐憑きのようなことです。ものに憑かれたようなやり方に過ぎないことだと、どちらも否定するわけです。そのようなやり方で意味付けを与えていくことを、圜悟は例によって否定してしまいます。

「古人」、すなわち趙州の意図するところは、天地のように広大で普遍的だ、と言います。そして、南泉と趙州の息がぴったり合っていることを言います。「父子」はもちろん南泉と趙州です。南泉が頭を示したら、趙州はぴたりとしっぽまでわかっていた、というわけです。「南泉云く、「子《そなた》若《も》し在らば、恰《まさ》に猫児《ねこ》を救い得てんに」」の著語には、〔唱拍相随う。知《ち》音《いん》の者少なし〕、うまく歌と拍子がぴったりだ。「知音の者」は、心底から相手を理解する者のことですが、そのような者はなかなかいないぞ、と二人の息がぴったり合ったことを讃えています。

もっとも、ひねくれている圜悟のことですから、もう一つ、そこで簡単には認めてしまわずに、〔錯を将《もっ》て錯を就《な》す〕と付け足します。これは、自分のあやまちをうまく言いつくろって、押し通してしまうということです。南泉は、問いの立て方そのものがおかしかったのに、それを強引に押し通してしまったぞ、とやっつけているわけですが、これは、やっつけながらも認めている、というところでしょう。このように、ここには南泉と趙州のみが達し得た世界が描かれています。

殺生は許されるか——道元の批判

ところで、ここには猫を斬り殺してしまうという、ショッキングな場面が出てきます。

生きものを殺すということですから、殺生の罪を犯すことになります。倫理的、道徳的に見れば、生きものを殺すというのは許せないことのはずです。しかし、圜悟の著語や評唱を見ても、さらには雪竇の頌を見ても、道徳的な問題というのはぜんぜん出てこない。そういう殺生をしていいのかどうかということは、ここではまったく問題にされていません。

ところが、これを問題にした人がいました。道元です。その話が『正法眼蔵随聞記《しょうぼうげんぞうずいもんき》』の一節に出てきます。『随聞記』はご承知のように、道元の話を弟子の懐奘《えじょう》という人が記録したものです。その中にこういう一段があります。

師云《いわく》、惣《すべ》て如《かくのごとく》レ是ならば、南泉猫児《なんせんみょうに》を截《きる》事。大衆已《だいしゅすで》に不《い》ニ道《いえ》得《ず》一。即《すなわち》、猫児を斬却《ざんきゃくし》了《おわん》ぬ。後に趙州《じょうしゅう》、脱ニ草鞋一《そうあいをだっして》、載出《いただきいで》し、又、一段の儀式《ぎしき》也。

又云《いわく》、我《われ》、若《もし》、南泉なりせば、即《すなわち》、道《いう》べし、道得《いいえ》たりとも、即《すなわち》、斬却せん、道《いい》不《え》レ得《ず》なりとも、即、斬却せん。何人《なんぴと》か、猫児を争ふ、何人か猫児を救ふ。大衆《だいしゅ》に代《かわっ》て道《いわ》ん、既に道得《どうとく》す。請《こう》、和尚、斬ニ猫児一《みょうにをきらんことを》。又大衆に代《かわっ》て道《いわ》ん、南泉、只知ニ一刀両段一《ただいっとうりょうだんのみをしって》不レ知ニ一刀一段一《いっとういちだんをしらず》。

奘云《じょういわく》、如何《いかなるか》、是《これ》、一刀一段。

師云《いわく》、大衆、道《いい》不《え》レ得《ず》。良久不《りょうきゅうふ》対《たい》ならば、泉、道《いう》べし、大衆已《すで》に道得《どうとく》す、と云《いっ》て、

猫児《みょうに》を放下せまし。古人云《いわく》、大用現前《だいゆうげんぜん》して不レ存二軌則一《きそくをそんせず》。（春秋社版『道元禅師全集』七、一九九〇、六七頁）

長いので、ひとまずここまで見ます。「師」はもちろん道元です。最初の一段は公案を提示したもので、特に難しくはないでしょう。「一段の儀式」というのは、それも一つのやり方だ、ということです。

「又云」のところ、自分が南泉だったら、言い得ても斬ってしまう、言い得なくても斬ってしまう、どちらにしても斬ってしまうぞ、と言う。言い得たら救ってやる、言い得なかったら斬り殺すなんていうのは、二者択一の分別だ、というわけです。さあ、どちらにしても斬ってしまうと言われたとき、誰が猫を救えるのか。そこで猫を救えてこそ本物だ、と言うのです。さすがに、道元は南泉の問いを弄ぶだけでなく、もう一歩踏み込んでいます。

その次は、それに対して、自分が大衆《だいしゅ》、すなわち僧たちであったとしたら、こう答えるであろう、というので、随分親切です。「道得《どうとく》」は、言うことができる、ということで、すでに出てきました。では和尚さん、猫を斬ってください、と。

次の「又大衆に代て道《いわ》ん」が大事です。南泉は一刀両段（断）は知っているが、一刀一段は知らないというのです。「一刀一段」という耳慣れない言葉が出てきましたので、懐奘が、一刀一段とはどういうことですか、と問うと、道元は答えます。みんなが何も言えず、黙っていて答えが出なかったら、南泉は、お前たちの沈黙は実は言っているのだ、お前たちは黙っているけれども、黙っているということで実は言っているのだ、と言って、猫を放してやるのがよい、と。

ここに道元の面目があります。「一刀一段」というのは、猫を殺すことではなくて、生かすことです。二つにしてしまうのではなくて、刀をもって、猫の命をまるごと生かす、本当の命を全うさせる。それが一刀一段だというのです。

その根拠として、道元は「古人」の言葉を引きます。「大用《だいゆう》現前して不レ存ニ軌則ニ《きそくをそんせず》」、大いなるはたらきには、決まりきったやり方なんていうものはない。そこでこそ自由自在に生命をはたらかせることができるのだ。猫を斬ってしまうぞ、と言いながら、猫の生命を全うさせることができる、そのような自在さこそ本物だ、というのです。このように、道元は、猫を放す、猫を生かす、というところにポイントを置いています。

その次に一段、この斬猫《ざんみょう》の話の重要さを言ったところがありますが、いまは省略して、そのあとを見ることにしましょう。ここが重要なところです。

又云《いわく》、此《この》斬猫、即是《すなわちこれ》、仏行《ぶつぎょう》也。
喚《よん》で何とか道《いう》べき。

喚《よん》で斬猫とすべし。
又云《いわく》、是《これ》、罪相《ざいそう》なりや。
云《いわ》く、罪相也。
何としてか脱落せん。云《いわく》、別《べつ》、並具《ならびぐす》。
云《いわ》く、別解脱戒《べつげだっかい》とは如是《かくのごときをい》道ふか。
云《いわ》く、然也《しかなり》。又云《いわく》、但《ただし》、如レ是料簡《かくのごときのりょうけん》、直饒好事《たといこうず》なりとも不レ如レ無《なからんにはしかじ》。（同、六八頁）

猫を斬ったという南泉の行ないに対して、一方では、それを仏行であると言うと同時に、もう一方では、あくまでこれは殺生を犯した罪相であると認めています。そして、そこからどう逃れるか、という問いに、「別、並具《ならびぐす》」と答えています。これはわかりにくい言葉で、たとえば、『道元禅師全集』（春秋社版）の頭注では、「いま仏行と罪相とは別のことであり、同時にあわせそなわっている」と解していますが、これは間違いでしょう。「別」は次に言う「別解脱戒《べつげだっかい》」で、比丘《びく》の具える具足戒《ぐそくかい》、すなわち、一人前の出家者が守らなければならない戒律のことです。きちんと戒律を具えてこそ、その罪相から逃れることができる、ということと考えられます。次の問答は、その確認です。そして、いちばん最後の文句が注目されます。「如レ是料簡」は南泉の斬猫のことです。それは素晴らしいことではあるが、なくて済めばそのほうがよかった、というのです。

このように、道元は一応、南泉のやり方を、やむを得なかったし、それはそれで素晴らしいはたらきだと認めています。しかし、同時にそれが殺生という罪を免れないことを指摘し、必ずしもそれが最善であったかどうか、疑問を投げかけています。道元自身であったら、先に述べられているように、猫を斬るのでなく、その生命を全うさせてやっただろう、というのです。

これは道元の立場なのですが、先ほども言いましたように、もともとの南泉の話の中、そしてまた、『碧巌録』で理解している限りにおいては、猫を殺すのがいいかどうかという倫理の入ってくる余地はありません。中国では、誰もそんなことは問題にもしませんでした。もちろん、これは実際にあった話かどうかも疑問です。そもそもすでに見ましたように、『碧巌録』には「喪身失命」などという大仰な文句がしばしば出てきますし、「耕夫の牛を駆り、飢人の食《じき》を奪う」などというとんでもないことも言われていまず。それがすべて実際にそういうことをするのだとは、誰も考えないでしょう。それと同類と考えれば、ここも実際に殺すかどうかの問題ではないと言ってもよいでしょう。それを道元はきわめて真正直に取ったわけです。

そうではありますが、先にも触れたように、禅がはたして倫理性を持ちうるか、ということは大きな問題です。そこで一対一の他者との関わりが生まれたとしても、それは社会というものに展開していくでしょうか。広く禅の流れを取れば、そもそも百丈という人が、清規《しんぎ》という規則を制定して以来、禅寺の生活は厳しい自律的な規則をもって形成されていくわけで、そこに社会生活のルールがきわめて厳しく守られていきます。しかし、私は『碧巌録』の世界から、ただちにそのような原理を導き出すのは難しいのではないかと考えます。そこでは、師匠による弟子の教化ということは確かに問題になっており、それは「拖《た》泥《でい》帯《たい》水《すい》」の慈悲心から出るものではあります。しかし、『碧巌録』で中心的な問題になるのは、あくまで日常的な意味世界のラディカルな破壊であり、その創造ではないと思います。そのあたりが大慧による批判となり、さらには儒者によっても批判されるのでしょう。もっとも、その点、なお議論があろうかと思います。

結び

以上、四回にわたって、『碧巌録』を読んでまいりました。限られた時間内ですので、だいぶ駆け足になりまして、十分に論じきれない、論じ残した問題がたくさんあります。しかも詳しく読んだのは最初のほうだけでありまして、それでも評唱を略したりして、必ずしも十分には読みきれませんでした。全一〇〇則、こういう具合に続いていくわけですから、非常に厄介なテキストでありまして、並大抵のところでは、とても読み通すこともできません。

しかし、いま第四則でも見ましたように、もともとの公案そのものに非常に面白いやりとりがあり、それに対して雪竇が一言加えていく。さらに、それへ圜悟が一言どころか、一〇も二〇も加えて、あっちに捩じ曲げ、こっちに捩じ曲げしていく。そのことによって、もともとの問答が持っていた話の筋道が、あっちにずれ、こっちにずれ、めちゃくちゃになっていく。めちゃくちゃになったところに、また面白さがある。非常に厄介だけれども、読めば読むほど面白いテキストである、と思っています。

はじめにも申しましたように、まず漢文自体が非常に口語性の強い、厄介な言葉でありまして、岩波文庫版ではかなり注を加えて、訓読もいろいろ工夫しましたので、だいぶわかるようになってきていると思います。それでもまだ、そのままストレートでは非常に読みにくいものであります。いま私たちは、もう一歩それを進めて、現代の日本語に訳して出版する準備を進めつつあります〔既刊、本書「付録2」二六八頁参照〕。そこまで持っていけば、もう少しは読みやすくなるかなと思っています。

こういうテキストを扱っていくのは前途遼遠の作業ですが、読めば読むほど味が出てくるものです。そして、決して過去の干からびた思想ではなく、現代の真っただ中に持ってきてもそのまま通用する強い魅力を持っています。そのことの一端でもおわかりいただければ、多少のお役には立てたかと思っております。

最後ですので、多少の質疑の時間を設けたいと思います。どうかご自由に、ご質問なり、ご意見なり、お出しください。

5　質疑応答

禅の言葉

A　最初のとき、本書の言葉は現代の中国語に近いというお話がありましたが、先生は訓読でお読みになっていらっしゃいますが、その点いかがですか。

末木　もちろん基本的に中国語として読むべきものです。訓読というのは非常に中途半端で、本当は中国語として読んで、それをいまの日本語に直していくほうが、よほど読みやすいのです。ただ、伝統的に訓読で読まれてきたもので、その形で日本では親しまれています。それはそれで意味のあることと考えられます。今回の文庫版は、従来の訓読を生かしながら、その範囲で、どれだけ中国語のニュアンスが生かせるか、そういう試行錯誤の一端と考えていただければと思います。

A　現在の中国では『碧巌録』は読まれていないのですか。

末木　最近、中国も禅ブームで、関連する本も随分出ており、公案の言葉も親しまれるようになってきています。ですが、もちろんこの時代の口語は、いまの言葉とそっくり同じではありませんし、さらに禅独特の、一般の文学などに出てこない言い回しがたくさんありますので、いまの中国人にとっても、とても読みにくいものです。きちんとした学問的な手続きを取った本格的な研究はまだ中国でも多くありません。

B どうして俗語というか、口語的な表現が多くなったのですか。

末木 もちろん、単純に言えば、もともとの公案が会話の形になっており、それに圜悟の講義にしても、語られたものがもとになっていますから、話し言葉の要素が多くなるわけです。しかし、よく考えてみると、なぜ会話体でなければならないのか、なぜ話し言葉的なのか、というところに、非常に強い禅の主張があるとも言えるわけです。一つの文体の採用は、決して枝葉末節の問題ではなくて、その思想の本質に関わるものだと思います。

禅で口語体を採用したのは、特に南宗《なんしゅう》と言われる六祖慧能《えのう》の系統で、それが今日の禅の主流を成すわけです。口語の採用は、いわゆる語録という様式から出発していますが、語録が本当に祖師の言行をそのまま書き留めたものかというと、必ずしもそうは言えません。たとえば、慧能の言行を記した『六祖壇経《ろくそだんきょう》』など、諸本による相違が非常に大きく、単純に話し言葉を書き留めたから、口語的になったとも言えないわけです。

そもそも中国は文章の国で、確かに古くは『論語』のように、問答的、会話的な文章もありますが、基本的には書き言葉優位の国です。その中で、話し言葉を採用するということは大胆な挑戦です。中国近代の白話運動や、日本の明治の言文一致の主張が持った意味を考えてみればわかると思います。

B　話されたまま書かれた、というわけではないのですか。

末木　口語を採用しても、書き言葉は話し言葉とまったく一致するわけではありません。たとえば、私がいまこうしてお話ししている。それを原稿におこして本にするわけですが、そのときにはだいぶ手を入れて、決して話したままではないわけです。話したままだと、冗長で繰り返しが多く、文法通りになっていない文も多い。しどろもどろのところもある。それが生きた話し言葉です。その話し言葉(パロール)を模して新たな書き言葉(エクリチュール)の文体を作るわけです。そのときには、実際に行なわれていなかった問答なんかも加えられたりして、だいぶ話したときとは違ってしまう。しかし、書き言葉として最初から書かれたものとは明らかに違うし、そうした形でしか表現できないこともあると思うのです。

　すでに触れたように、禅の公案なども、いかにも臨場感あふれていますが、決してそのままの問答が実際にあったわけではない。達磨と武帝の問答なんか、その典型です。もっと遡れば、禅の源流は、釈迦が一本の花を手にしたとき、弟子の摩《ま》訶《か》迦葉《かしょう》がにっこり微笑したという、「拈華《ねんげ》微笑《みしょう》」に由来するというのですが、そんなことが実際にあったとは到底考えられない。しかし、それが事実以上の事実として磨かれてゆくわけです。

二元論は超えられるか

C　言語可能と言語不可能の二元論的な分け方をとらないということはわかります。しかし、言語を、意味的な言語と意味を破壊する言語とに分けるとすると、また新しい二元論に陥るのではないでしょうか。

末木　これは厳しいご指摘ですね。たしかに、その点、説明不足でした。それに対しては、われわれの日常使っている言語も、それほど一義的でない、流動的な要素を多分に持つのだ、ということを指摘したいと思います。たとえば、私がよく引く例なのですが、

「寒いね」と話しかければ「寒いね」と答える人のいるあたたかさ

という俵万智さんの短歌があります。ここで、「寒いね」という話しかけは、決して単純に事実を表明しようとしているだけではありません。もしそれだけならば、答えのほうはその事実の確認というだけです。「いま寒い」という意味を担った言語があり、それに対して、「それは真実である」という答えが出る。これだけならば、人間同士の会話でなくて、コンピュータとの応答でも成り立ちます。しかし、この会話では、寒いということが真実であるかどうか、検証することが目的ではありません。「それほどでもないよ」という答えが返ってきても別に構わないわけです。つまり、ここでは、そこで

コミュニケーションが果たされる、ということが重要なのです。そこで成り立つ人間関係の「あたたかさ」の検証こそが主目的です。さらに言えば、それが一首の短歌として、五七五七七というリズムに乗せられるとき、そこにはまた新たな文学としての発見と感動があるのです。

このように、私たちが使う言語は決して一義的に意味の表明だけを目的としたものではなく、その中に重層的なはたらきが籠められており、言語の体系は常に流動的なのです。だからこそ、科学や法律の世界では、それを一義的に決めなければならず、非常に人工性の強い言語を構成する必要が出てくるのです。しばしば哲学者が陥る誤りは、この人工的な言語のほうを本来的な言語と考えてしまうことです。たしかに、そのほうが論理的に首尾一貫している。日常の言語など、論理的にわけのわからないことが平然と行なわれる。有名なものに「うなぎ文」というのがあります。食堂で注文するのに、「ぼくはうなぎだ」というのでちゃんと通じる。別に自分がうなぎになってしまうわけではありません。

つまり、実はわれわれの言語は、それ自体閉じられ、一義的に意味の確定した体系を持っているわけではないのです。危険なのは、その流動性を忘れて硬直化することです。科学や法律の言語の人工性を十分に自覚していればいいのですが、そちらのほうが本当の言語であるかのように考えると、それはきわめて危険なことです。いわば、公案の言語は、言語の機能のうち、科学や法律の言語とは逆の側に極端化したものだと言ってよいかと思います。ですから、決して単純な二元論になるわけではありません。

倫理の問題

D　最後のほうで、『碧巌録』からは倫理が出てこないというお話でしたが、ちょっとショックな感じですが。

末木　いま言いましたように、公案の言語は、科学や法律の言語とは逆の側に、言語の機能を純粋化したものと考えられます。法律はともかく、科学の言語にただちに倫理性を求めることはできません。それはレベルの違う問題です。そこから倫理が出てこないからといって、科学の言語に欠陥があるということにはなりません。それと同じで、あえて公案の言語に倫理・道徳を持ち込むのは危険です。南泉斬猫を批判した道元の場合は、それをやっているわけですが。

もちろん、そのことは、先にも申しましたように、禅が社会性を持たないということではありません。公案の世界だけを抽象化するのはある意味で危険なことで、禅寺の生活では、むしろ世間では考えられないほど厳しい規則に縛られた共同生活が要求されます。その中に追い込まれて、はじめてぎりぎりのところで、本当に公案との直面がなされるのです。

その辺の誤解は、しばしば禅を説く人の中にも見られます。禅坊主は禅寺から出ると、今度は何でも融通無碍でいいかのような誤解があり、放言したり、逆に権力におもねったりということが、なきにしもあらずです。

倫理の問題は、大きく言えば宗教と倫理との関わりの問題になり、難しい問題で、いまとても論じられる問題ではありませんので、やめます。ただ、基本的に言えば、先にも触れたように、われわれの日常性は多元的で流動的なものであり、その一局面を極限化し、純粋化するところに宗教の世界も成り立つわけですから、もう一度その全体的、流動的な世界に戻る必要があると思います。科学の場合でも同じで、科学の論理だけを押しつめていくと、そこに倫理が欠如してしまう。そこで、改めて日常性の文脈に立ち返って倫理を考える必要が出てくるわけで、それと同じだと思います。もっともこれは私のきわめて個人的な見解で、宗教自体の中から倫理が出てくるという考え方のほうが一般には強いのですが、私はそれには疑問を持ちます。

禅語録の読み方

Ｅ　鈴木大拙の見方など、伝統的な公案の理解を批判されましたが、そうすると、先生は禅寺での公案の扱いなどは、どうお考えでしょうか。

末木　難しい問題です。私はできるだけテキストに即して読んでみたいと思っているのですが、実はそれが徹底しているかというと、必ずしも自信がありません。私自身、非常に乏しい経験ですが、参禅をしており、公案を解釈するときに、いつも一方では自分の参禅体験に照らし合わせながら考えています。それだけに、どっちつかずの中途半端になるのではないかと恐れます。

私自身の印象では、参禅における公案の扱いは、『碧巌録』などで主張するところを、今日でもかなり忠実に守っているのではないか、という感じがします。ただ、それを説明しようとするときに、その説明の仕方が必ずしも適切でなく、誤解に導いているように思うのです。

テキストはテキスト自体として、その作品が作られた時代性の場の中で考えるべきものです。ただ、宗教的なテキストの場合、常に主体的な読み方が要求されるという面もあって、いわばその緊張こそが優れた解釈を生む源になるのではないでしょうか。もちろん私の解釈は、それにはとても及びもつかないことですが、少なくともそういう志だけは持ちたいと思います。

E　先生のおっしゃるように、テキストとして禅の文献を読もうとするには、どのようにすればよいのでしょうか。

末木　最初のほうでも申しましたが、いままで禅の語録類はともかくわからないものだと思われてきました。禅問答というと、わけのわからないことの代名詞みたいに言われています。ただ、そのわからなさのかなりの部分は内容以前の問題として、言葉がわからないということでした。これについては、少しずつ専門家によって解決されつつあります。専門家によって、きちんと現代語訳がなされたテキストについては、難しい禅語に悩まされることなく、躊躇なくただちに現代語訳によって読んでいけばよいと思います。ただ、残念なことに、現代語訳がきちんとなされた禅の文献は、まだごく一部に留まります。現代語訳で読める主要なテキストは、参考までに別表に示しておきました（本書「付録2」）。それをご覧になるとわかるように、現代語訳されているものは、主として比較的初期の唐代のものが多いのが現状です。

その理由を申し上げますと、二〇世紀の禅研究は初期の文献や歴史を中心に大きな発展を示しましたが、それに較べて、『碧巌録』などを含む宋代の研究は著しく立ち後れているという実情があります。そのことをもう少し説明しましょう。

少し禅に親しんだ方ならば、中国の禅宗が菩提達磨《ぼだいだるま》から慧可《えか》―僧璨《そうさん》―道信《どうしん》―弘忍《ぐにん》（「こうにん」とも読む）と伝えられてきたという話をお聞きになっておられるでしょう。その弘忍の弟子に、神秀《じんしゅう》と慧能《えのう》という二人が出て、慧能のほうが南宗《なんしゅう》と呼ばれて、神秀の北《ほく》宗《しゅう》に対して正統派とされます。現在の禅はすべてこの南宗の系統から出ています。

これが長く信じられてきた中国禅の系譜ですが、二〇世紀になってその常識はすっかり覆されてしまいました。それというのも、二〇世紀のはじめに中国の西の方、シルクロードの入り口に当たる敦煌から多数の仏典が発見され、その中には従来知られていなかった新発見の資料も少なくありませんでした。特に初期の禅に関する重要な文献が多数見つかり、鈴木大拙をはじめ、当時の世界中の学者がその研究に打ち込みました。それと併せて、中国で失われていた『祖堂集《そどうしゅう》』という比較的早い時代の禅の歴史書が韓国で見つかったりして、初期の禅宗史は完全に塗り替えられるに至りました。こうした事情があって、唐代の比較的早い時期の禅の文献は大いに研究が進み、テキストの校訂もなされ、さらには進んで、テキストの現代語訳もなされるようになりました。こうした今日の唐代禅研究をリードしてきた研究者のお名前を一人だけ挙げますと、柳田聖山《やなぎだせいざん》という方で、同氏の『初期禅宗史書の研究』(法蔵館、一九六七)は、その金字塔とも言うべき成果です。こうして、禅研究は初期から次第に時代を下りながら進められてきていまして、まだまだ宋代まで至りついていないのです。『碧巌録』ほど重要な文献の現代語訳がまだなされていないのは、このような事情をもっともよく示しています。

こうした研究の順序からして宋代の禅の研究が遅れたというだけでなく、さらに本質的な問題として、唐代の初期の禅宗文献は、のちの公案禅の確立した時代の語録に較べて遥かに仏教の教学に忠実で、論理的な議論がなされており、一般の仏教学的な発想で解釈が可能です。たとえば、慧能の弟子で、南宗禅を大いに宣伝したのは神会《じんね》という人で、この人の語録は敦煌から発見されて大いに研究されているものの一つです。その中にこのような問答があります。

魏郡の乾光《けんこう》法師が問うた、「どんなものが仏心で、どんなものが衆生心ですか。」

答、「衆生心が仏心で、仏心が衆生心です。」

問、「衆生心と仏心と違いがないことになります。どうして衆生と言い仏と言うのですか。」

答、「もし決了していない人の面から論ずれば、衆生があり仏があります。もし決了した人ならば、衆生と仏は元来別ものではありません。」（鈴木哲雄訳『南陽和尚問答雑徴義』、『大乗仏典』中国・日本篇11『敦煌』Ⅱ、中央公論社、一四二頁）

これは拍子抜けするくらいまともな論法です。衆生の立場からは差別があるが、悟った仏の立場に至れば、そうした差別がなくなって平等の真理が理解される、という考え方はインドの仏教にも見られ、むしろ大乗仏教の基本的な考え方と言ってもよいものです。「煩悩即菩提」という有名なテーゼも、あくまで悟った仏の立場から言われるもので、衆生の立場からは煩悩と菩提は区別されなければなりません。それが仏教の常識的な考え方です。ここで言われていることは、まったくその仏教の常識の枠内で理解できます。

ところが、唐代末から宋代にかけて公案禅が発展する中で、こうした教学的な議論自体が影を潜め、いわゆる禅問答、すなわち言語の論理性を破壊し、意味を破壊した問答へと進んでいきます。それでも、これまでの講義の中でしばしば触れましたように、のちにわけのわからない公案とされるものでも、当初はそれなりに筋の通った、有意味的な問答であった場合が少なくありません。何でも無意味にわけのわからないことを言ったりしたりすればいい、ということではありません。

しかし、宋代になって、古人の言動が公案として確立される過程で、本来持っていた有意味性が徹底的に破壊され、言葉の破壊のエネルギーに重点が置かれるようになります。そのような形での言葉へのこだわりの極限的なところに『碧巌録』が位置します。ですから、それを理解するためには、一般の仏教の教学的な解釈では不十分であり、その独自の言語論を踏まえなければならない。そこに難しさがあります。

それが、『碧巌録』以後になりますと、圜悟の弟子の大慧《だいえ》が『碧巌録』のラディカルな言語論を批判し、公案禅の教育的な面を重視しながら、精神修養的な方向を進めていきます。この点で、『碧巌録』はいわば禅の歴史の中でのあだ花とも言うべきものなのですが、興味深いことには、それがのちに大きな影響を与え、元代には、『碧巌録』の形式をまねた万松行秀《ばんしょうぎょうしゅう》の『従容録《しょうようろく》』なども作られます。

『碧巌録』の影響は中国ばかりでなく、むしろ日本において著しいものがありました。

しばしば印刷刊行されるとともに、禅寺で講義され、注釈書も著されました。その際『碧巌録』が、非難された言語に淫した側面ではなく、むしろ峻厳な公案禅の中に採り入れられたところに特徴があります。その点では大慧の方向と一致するのですが、日本では大慧の禅の直接の影響がそれほどなかったことは不思議です。

このように、『碧巌録』の位置付けをめぐって、まだまだ解明されていないことが多く、それはより広い視点からすれば、宋代の禅の研究の遅れと対応するものです。ですから、『碧巌録』に親しんでゆくと同時に、もう一方で、現在研究が進んでおり現代語訳が比較的簡単に見られるとともに、仏教の一般的な知識からも理解可能なところの多い、唐代の禅語録に目を通されることをお勧めします。

まだまだご質問があると思いますし、私としても話し足りないところが少なくないのですが、時間になりましたので、これで私のつたないお話はひとまず終わりにさせていただきたいと思います。長い時間、どうも有難うございました。

補講　改めて『碧巌録』を読む

研究状況の進展

本書の刊行から二〇年が経ちました。元版のあとがきに書いたように、最初に『碧巌録』を仲間と読み始めたのが一九八四年で、辞書も参考書も何一つない中で、まったくの手探りでした。今ならば、パソコン一つあれば、あるいはスマホからネットに繋ぐだけで、膨大な大蔵経やあらゆる漢籍の用例が瞬時に検索できますが、それから見ると本当に石器時代のようなものでした。当時唯一信頼に足る参考書は、入矢義高先生の監修になる『禅の語録』のシリーズであり、『碧巌録』を仲間と読み始めたときに最初にした作業は、『禅の語録』の各巻の索引をコピーして五十音順に貼り合わせ、自家製の総合索引を作って、調べやすくするということでした。笑い話のようなことです。

一九九一年に、先駆者である入矢先生の禅語解釈を集成した『禅語辞典』(思文閣出版)が刊行されて、禅籍研究の記念碑的な一歩となりました。その後、二〇世紀の終わりから二一世紀にかけて、急速に禅の言葉への語学的な関心が中国でも日本でも高まり、新しい成果が続々と現れました。『漢語大詞典』のような大きな辞書にも禅語が採録され、解釈が示されるようになりました。あわせて、電子データの充実により検索が容易となり、一気に研究水準が上がりました。岩波文庫版の『碧巌録』と『現代語訳 碧巌録』は、ちょうどそのような過渡期、揺籃期に出されたもので、開拓者としての情熱に燃えていた仕事でした。それだけに今から見ると不十分な点も多く、誤読もかなりあります。現在、若い研究者を中心に、一夜本を厳密に解読する作業も続けられています。けれども、いまだに『碧巌録』全体を読める新しい訳は出ておらず、依然として私たちの仕事が『碧巌録』へのもっとも手ごろな手掛かりかと思います。

文庫版や現代語訳から進んで、『碧巌録』に関する新しい研究成果を学ぼうというのでしたら、小川隆氏の『続・語録のことば――『碧巌録』と宋代の禅』(禅文化研究所、二〇一〇)をお薦めします。小川氏は新しい研究を先導してきた一人で、本書は副題にあるように、『碧巌録』を手掛かりとして宋代禅の語録の読み方を検討したものです。やや専門的ですが、非常に丁寧に『碧巌録』の中の禅語を検討して、文庫版や現代語訳の不十分であった点をも補って、解釈を示してくれています。

ところで、本書『『碧巌録』を読む』は、ちょうど文庫版の作業が終わり、現代語訳をまとめる作業にかかる段階で講義され、書かれたものです。それだけに、今から見ると甘いところが少なくありませんが、基本的な理解としては適切なものと思います。これまで、禅の老師の提唱としてしか使われてこなかったので、本則―雪竇―圜悟という三重構造も十分に理解されていませんでしたが、その点を明確化することで、『碧巌録』を独立した思想・文学上の作品として捉え直すことができたかと思います。

文庫、現代語訳、それに本書をセットとして出版した後、いささか『碧巌録』に辟易して、二、三論文を書いた後では離れていましたが、最近になって、また少し関心が戻ってきています。そこで、ここでは雪竇と圜悟の理解の相違という点を中心に、少し最近の私の読み方をお話しして、本書の補足としたいと思います。

圜悟と公案の言葉

小川氏の『続・語録のことば』では、圜悟の思想の特徴として、次の三点に纏めています。

一、「作用即性」と「無事」禅の否定――ありのままの自己をありのままに肯定するという考えは迷妄である。

二、「無事(〇度)⇒大悟(一八〇度)⇒無事(三六〇度)」という円環の論理――ありのままの状態に自足せず、決定的な大悟徹底の体験を得なければならない。大悟徹底の体験を得たうえではじめて、すべては本来ありのままで円成していたのだといえる。

三、「活句」の主張——大悟徹底のためには、公案を字義に沿って合理的に解釈する立場を捨て、公案を意味と論理を拒絶した絶待の一語、すなわち「活句」と見なければならぬ。（小川、前掲書、はじめに、vi頁）

的確に圜悟の立場を整理していますが、多少の説明と補足が必要です。まず、「作用即性」というのは、第三則で出てきた馬祖の系統の禅を特徴づけるものとして、小川氏の命名したものです。馬祖は「即心是仏」と説いて、この心がそのまま仏だと説き、日常性の中に禅の実現を見ようとしました。さらには、「今、見聞覚知するは、元より是れ汝が本性」と説いて、見聞覚知のあるがままのはたらきを、そのまま本来の自己のはたらきであると主張しました。このように、あるがままの日常性が「無事」です。

禅の悟りの境地は、しばしばこの「無事」に求められます。「日々是好日」とか、「柳緑花紅」とか、禅の坊さんが好んで揮毫する文句や、茶道で愛好される禅語には、この類が少なくありません。あるがままの自然の姿が理想とされ、こだわりを捨てて、日常を楽しむ境地とでも言えます。とりわけ日本ではこのような禅者の姿が好ましいものと考えられました。茶道はその日常性をもっとも洗練したものということができるでしょう。

このように、禅の悟りを日常的な場に見出すことは決して間違いとは言えません。実際、悟りと言っても、それによって何が変わるわけでもありません。「柳は緑、花は紅」

のままです。圜悟がしばしば使う例では、「山は是れ山、水(川)は是れ水」です。けれども、凡夫が修行も何もしないで、「山は是れ山、水は是れ水」の世界にいるのと、悟りを体験して「山は是れ山、水は是れ水」に戻ってくるのとは、やはりその境地としては同じとは言えません。それが小川氏の言う第二の原理で、凡夫の無事を○度とすれば、それが「山は山に非ず、水は水に非ず」という、日常性を完全にひっくり返した、一八○度の否定の世界を経て、はじめて、悟りの無事の世界に再び戻る三六○度の展開が果たされるというのです。確かに三六○度回転したところでも「山は是れ山、水は是れ水」が成り立つのですが、それは凡夫の○度の「山は是れ山、水は是れ水」と重なり合いながら、異なっているというのです。ちょうど図のように理解すればよいでしょう。このような否定を通しての肯定という構造を、鈴木大拙は「即非の論理」と呼んでいます。

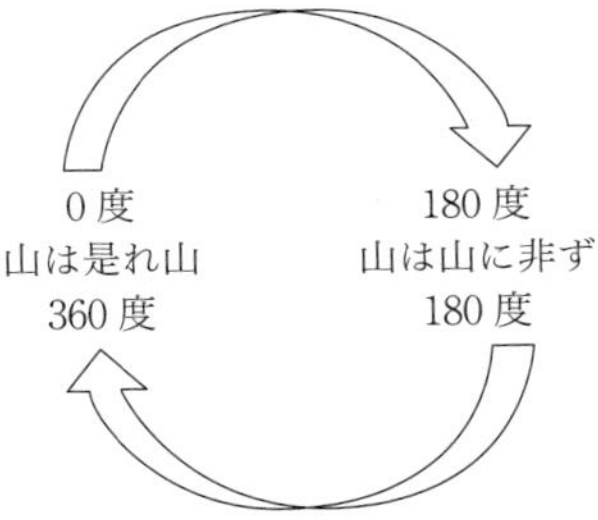

無事と修行

　そこで、○度であっても、三六○度であっても、結局「山は是れ山、水は是れ水」で同じなのだから、○度のままで留まっていてもいいではないか、面倒な修行などしなくてよいではないか、という態度が出てきます。圜悟が厳しく批判するのは、このような安易な○度の日常性に居直る「無事」の態度です。

『碧巌録』は、そのような「無事」に安住することを戒め、どこまでも修行者を修行へ向けて督励することを目的としています。それ故、三六〇度を目指すよりもまず、日常性が打ち砕かれた一八〇度の大転換を目指すのです。本則に当たる公案はそのための手段であり、日常的な言語分別から解き放つことを目的としています。非合理的な公案の言語によって日常性が打ち砕かれ、そこに開かれてくる世界に目を開かされることによって、悟りへの大きな前進が図られます。

ですから、三六〇度に達してさえも、そこに安住することは否定されます。「這裏《ここ》に到って、人多く錯《あやま》り会《え》して、無事界裏に打在して、仏も也《ま》た礼《らい》せず、香も也《ま》た焼《た》かず。似たることは則ち也《ま》た似たるも、争奈《いかん》せん脱体《まるごと》不是《ふぜ》なり」(第九則本則評唱、文庫版、上一四七頁)と、その先へ進むことを求めます。三六〇度に至っても完結しない前進こそ、『碧巌録』の真骨頂と言えるでしょう。

そのための修行の方法として、公案が立てられます。そもそも禅だけでなく、仏教では、日常の言語による分別こそが執着を招き、迷いの根源であると考えます。「机」という言葉があると、あたかもそれに対応する「机」というものが実在するかのように思ってしまいます。けれども、目の前にある机はさまざまな要素が集まってできた仮のものに過ぎません。同じように、「自己」とか「自我」という言葉も、あたかもそれに対応する何か実在的なものがあると思われ、執着が生ずることになります。それを打破することで執着を捨て、悟りに至ることができるというのです。「山は是れ山」というのが否定されなければならないのも、そのためです。

しかし、日常の言葉が否定されると言っても、それは私たちの中に深く染みついていて、容易にはそこから離れがたいものです。そこで、圜悟などの宋代の禅が採った方法は、日常語から意味を剝奪し、わけの分からない世界へと追い込むことです。そのことは、本書第二講に論じました。ここで指摘したいのは、圜悟が「無事」に安んずる態度と同じように徹底的に批判するのは、公案に一応筋の通った説明を与えて、それで満足してしまうような態度です。第三講で触れた第一二則の「麻三斤」を改めて見てみましょう。評唱を見ると、当時、さまざまな解釈がなされていたことが知られます。「洞山是《こ》の時、庫下《くか》に在って麻を秤《はか》る。僧の問うもの有り、所以《ゆえ》に此《かく》の如《ごと》く答う」という人もいれば、「洞山は東を問われ西を答う（あえて見当違いのことを答えている）」と答える人もいる。それればかりか、「只だ這《こ》の麻三斤便ち是れ仏」という答もあったということです。このような答は、それぞれ理屈として考えれば、訳の分からない「麻三斤」にそれなりに解釈を与えているということができます。

しかし、圜悟は、そのような解釈はどんなにもっともらしいものでもすべてまったくの見当違いだと、にべもなく退けてしまいます。そんなことをしていれば、五十六億七千万年先の弥勒仏の出現の時まで待っても、悟りなど夢にも見られないというのです。なぜでしょうか。圜悟はその理由をこう答えます。「言語は只だ是れ載道の器なり。殊に知らず、古人の意は只管《やみくも》に句中に去《お》いて求むれば、什麼《なん》の巴鼻《てがかり》か有るを」と(文庫版、上一八四頁)。

圜悟によれば、言語は道(真理)を伝えるための道具であり、その言葉を詮索している限りは、どこにも道を悟る手がかりはない、というのです。こうして、「道を見れば、即ち言を忘る」というわけで、言葉を超えた悟りの世界に入っていかなければならないのです。日常の言語を解体することによって、それを超え出た世界に突入することこそ、『碧巌録』の目指すところです。そのような言葉の使い方が「活句《かっく》」と呼ばれます。

けれども、言葉があくまでも道具であって、最終的にそれを捨て去るべきものであれば、そんな言葉にこだわる必要はないはずです。さっさと捨ててしまえばよさそうなものです。ところが、圜悟は徹底的に言葉にこだわります。「只だ這《こ》の「麻三斤」、一《ひとえ》に長安の大路の一条なるが似《ごと》くに相似たり。足を挙げ足を下ろすに、不是《ふぜ》なること有ること無し」(同)と、「麻三斤」こそが、天下の長安の大道であり、「麻三斤」に徹底してこだわることによってのみ、不是なるところのない悟りそのものを実現しうるのです。

言葉を捨てるのか、捨てないのか。言葉に真理があるのか、ないのか。一体どちらなのでしょうか。圜悟は日常的な意味に付きまとわれた言葉を徹底的に否定します。「麻三斤」から〈麻三斤〉という意味を剝奪します。意味が剝奪され、対象と言葉と話者との区別がなくなった言葉そのもの、圜悟が「活句」とするのは、そのような言葉です。そこに参入するとき、はじめて意味への囚われを離れ、世界と一体になった絶対の力を獲得できるというのです。それこそ「麻三斤」の力に他なりません。そこでは、もはや「麻三斤」という言葉への囚われをも離れてしまいます。言葉に没入することで、言葉を超えていくのです。それを方法として確立したのが、公案禅に他なりません。

雪竇と趙州――禅の言葉の取り上げ方

そこで今度は遡って、『碧巌録』のもとを作った雪竇の場合を見てみましょう。そもそも雪竇が一〇〇則の古則を選び、それに頌を付けた『雪竇頌古』が、『碧巌録』のもとです。ですから、雪竇がどのような古則を選んだかということが、『碧巌録』の出発点となります。雪竇はどのような原理で一〇〇則を選び出したのでしょうか。

ここで、本書の巻末「付録1」として収録した「『碧巌録』全一〇〇則標題・登場人物一覧」をご覧ください。そこで、どんな人物の話が多く採られているかを見てみましょう。雲門が多く登場して、ざっと数えて一八則あります。これは、雪竇が雲門宗に属することから当然とも言えるでしょう。その次が誰かというと、雪竇自身を除くと趙州で、一二則に及び、他の禅者を圧倒しています。趙州従諗《じゅうしん》(七七八―八九七)は、馬祖―

南泉―趙州とつながり、先に触れた馬祖系の禅を受け継いだ一人です。時代的には、臨済などとほぼ同時代になります。臨済が二則採られているだけなのに較べると、雪竇が趙州をとび抜けて愛好していたことが知られます。雪竇は趙州とは全く異なる系譜に連なっているだけに、この突出は気になります。どうして、雪竇は趙州をこれほどまでに愛好しているのでしょうか。

圜悟は、趙州について、「這の老漢は、平生棒喝を以て人を接せず、只だ平常の言語を以てするのみなるに、只だ是れ天下の人奈何《いかん》ともせず」(第二則評唱、文庫版、上五九頁)と言っています。「棒喝」というのは、当時、「徳山の棒、臨済の喝」と言われて、徳山と臨済の家風を示す言葉です。彼らは、普通の言葉ではなく、棒や喝を使って、厳しい実践的な指導を行なうことで知られていました。それに対して、趙州の特徴は、平易な日常的な言葉で指導するところにあるが、それが並の禅坊主ではとても太刀打ちできない素晴らしいはたらきを示すというのです。

これは圜悟の評価ですが、雪竇が趙州を重視した理由を考えると、この「平常の言語を以てする」ということが、やはりポイントであったかと思います。そのことは、第二講で詳しく取り上げた第二則にもっとも典型的に表れています。そこでは、三祖の『信心銘』の「至道難きこと無し、唯だ揀択《けんじゃく》を嫌う」を引いて、「纔《わずか》に語言有れば、是れ揀《けん》択《じゃく》、是れ明白《めいはく》」と、言葉を否定するようなことを言いながら、趙州は抜け抜けと「老僧は明白の裏《うち》に在らず」と言葉をもって語り、自己矛盾を犯します。あえて自己矛盾を犯した言葉を語ることで、趙州は日常の言葉を揺るがし、解体してしまいます。

おそらく雪竇が趙州を好んだいちばんの理由はここではなかったかと思われます。当たり前の言葉が、じつは当たり前でないという発見、雪竇はそこに、棒喝では捉えきれない禅の真髄があると見たのでしょう。雪竇の頌に、「至道難きこと無し、言端語端」と、「至道」を言葉の否定ではなく、逆にあらゆる言葉に見出そうとしたのは、もっとも端的に雪竇の立場を示しています。この「至道無難」の問題を、第五七、五八、五九則でも取り上げているのは、雪竇のこの問題への関心の強さを示しています。

第九六則では、趙州の三転語というのを取り上げています。この本則は、「趙州、衆に三転語を示す」というだけのもので、実際には、「金仏は炉を渡らず」「木仏は火を渡らず」「泥仏は水を渡らず」という趙州の三つの言葉に対して、それぞれ頌を付けています。一則に三つの頌があるという変則的な形ですが、雪竇としては趙州の言葉にそれだけ愛着を覚えていたのでしょう。

『碧巖録』の中では、他に趙州がどのように取り上げられているかというと、例えば、第九則では、次のような問答が交わされます。

僧、趙州に問う、「如何なるか是れ趙州。」

州云く、「東門、西門、南門、北門。」

これは、僧が趙州の境地を問うたのに対して、趙州は趙州の街で答えたものです。中国の街は城壁で囲まれ、四方に門があるというのが標準的です。趙州の門は誰でも入れる開かれた門ですが、にもかかわらず、そこで足止めされてしまう恐ろしい門でもあります。雪竇は頌で、「東西南北の門相対して、限り無く鎚を輪《ふりまわ》すも撃ち開けられず」と歌っています。

このように、雪竇が好んで取り上げる趙州の問答は、禅の境地を外の世界の事物で示すというものが多いようです。例えば、第三〇則では、僧が「和尚は南泉にお目見えしたというのは本当ですか」と問うたのに対して、趙州は、「鎮州(趙州の近く)には、大蘿《だいら》蔔頭《ふとう》(大きい大根)を出だす」と、大根で答えています。これも禅の境地を外物に託したところが、第九則と似ています。ここでも雪竇はその頌で、「衲僧の鼻孔、曾て拈得す(禅僧どもの鼻をつまみ上げた)」と、その一句がどれほど強烈かを歌っています。

こうした問答は、まさしく「平常の言語」を自由に操りながら、そこに巧みに意味をずらせて、自らの境地を託しています。それは一見すると「無事」そのものに見えながら、その底に趙州の大力量がうかがわれるというのが、雪竇の取り方のようです。

もっとも、もともとの趙州に戻ると、必ずしも外側の世界の物で内面の境地を示したというわけではないようです。最近の研究によると、「庭前の柏樹子」というのは、柏樹子によってその境地を示したのではなく、「今げんに「柏樹子」を見ている、その汝を置いてどこに「自己」があるのかと、僧自身に問い返している」(小川隆『語録のことば――唐代の禅』禅文化研究所、二〇〇七、四六頁)と取るのが適切だということです。このような趙州の問答を、雪竇は外物によって境地を示したものと受け取って重視し、さらに圜悟になると、それが公案化されて、意味を剝奪した言葉に変えられていくのです。言語のはたらきが変化していく典型的な例と見ることができます。

もっとも「庭前の柏樹子」は、『碧巌録』の本則には採られていません。公案の代表である「趙州無字」もまた、『碧巌録』に見えません。このことは、雪竇があえて外したというよりは、むしろ雪竇の時代にはまだ趙州の評価がそれほど定まっていなかったということでしょう。雪竇が大きく取り上げたことで、趙州が注目を浴びるようになり、公案として使いやすいということで、定番になったのかもしれません。『碧巌録』を細かく見ていくと、いろいろと興味深い問題が出てきますが、そのような検討は今後の課題です。

『碧巌録』と死者の問題――田辺元による第五五則解釈

最後に、やや変わった視点から『碧巌録』を読み込んだ例を取り上げてみます。それは、哲学者の田辺元《はじめ》(一八八五―一九六二)の場合です。田辺は、西田幾多郎の後継者として京都大学の哲学講座を率いました。戦争中に戦争協力の立場を取ったことへの反省から、戦争末期から「懺悔道の哲学」を唱え、大著『懺悔道としての哲学』(一九四六)を発表しました。さらに一九五一年に妻が死去したことをきっかけに、晩年には自ら「死の哲学」と呼ぶ独創的な哲学を樹立し、死者との実存協同を説くに至りました。それは次のようなものです。

自己は死んでも、互に愛によって結ばれた実存は、他において回施のためにはたらくそのはたらきにより、自己の生死を超ゆる実存協同において復活し、永遠に参ずることが、外ならぬその回施を受けた実存によって信証せられるのである。(「メメント モリ」、岩波文庫『死の哲学』二〇一〇、二二頁)

死者との交流などというテーマは、従来の哲学にはなかったもので、きわめて斬新なものですが、その発想に、『碧巌録』が関わっています。田辺が引くのは、第五五則の道吾と漸源の話です。

生死の問題に熱中する若年の僧漸源《ぜんげん》が、師僧の道吾に随《したが》って一檀家の不幸を弔慰したとき、棺を拍《う》って師に「生か死か」と問う、しかし師はただ「生ともいわじ死ともいわじ」と言うのみであった。……そののち道吾他界するに及び、漸源は兄弟子にあたる石霜に事のいきさつを語ったところ、石霜もまた不道不道(いわじいわじ)

というのみであった。漸源ここに至って始めて、……先師道吾が自分の問に答えなかったのは、彼をしてこの理を自ら悟らしめるための慈悲であり、その慈悲いま現に彼にはたらく以上は、道吾はその死にかかわらず彼に対し復活して彼の内に生きるものなることを自覚し、懺悔《ざんげ》感謝の業に出でたというのである。（同、一八―一九頁）

第五五則の解釈として適切かどうかはひとまず措きますが、このような解釈は従来の『碧巌録』の読み方からは出て来なかったもので、田辺の独創性が光ります。師が死後も弟子を導くという理解は、必ずしも禅に限らないことで、納得のいきやすいところです。田辺は、ここに至るまで、キリスト教と仏教を行き来しながら思索を深めます。はじめ、キリストの死―復活から出発しますが、それが実現するのはキリストだけであってふつうの人にはあり得ないことです。ところが、仏教の菩薩は、誰でも死―復活により他者と関わることができるというのです。田辺は道吾と漸源の話を手掛かりとして、仏教の菩薩のあり方、ひいては死者と生者の関わりへと議論を進めていきます。

田辺は禅の素人ですが、それだけにかえって禅の専門家が見落としてしまう問題に着目しています。禅はしばしば「己事究明《こじきゅうめい》」で、自己の本性を明らかにすることだと言われます。しかし、じつは第四講にも見たように、自己だけに閉鎖的に閉じこもるのではなく、問答を通して他者と関わる中で形成されるものです。禅の標語の一つである「以心伝心」は、師匠から弟子へと悟りの核心が伝えられていくことを示し、それはもともと釈尊から摩訶迦葉を通して脈々と今日まで伝わっているというのです。師の指導を経ずに一人で悟りに至ったと言っても、そのような無師独悟は認められません。正しい師によって認められることで、はじめてその悟りが正統性を獲得し、正しい法が継承されるのです。

このような師匠と弟子の関係は、禅で強調されますが、田辺が指摘するように、広く見れば、大乗仏教の菩薩の精神に広く通ずるものです。菩薩は利他、即ち人々を救うことを目標とします。そのために、その活動は死後も続き、輪廻を厭うことなく、すべての人を救済しようとします。その菩薩に導かれた人が、また自ら菩薩として人々の救済を目指します。こうして、生死を超えて大乗仏教の菩薩の理念は継承されることになります。そこに生者と死者を含む広大な実存協同が実現するのです。

そう見てくると、『碧巌録』の問答は、禅だけでなく、もっと広い視野から捉えることができます。禅の展開という観点から『碧巌録』を読み込むことは大事ですが、そこに閉鎖的に閉じこもるのは、必ずしもよいことではありません。視野を広げてさまざまな観点から読み解くことができる、その豊かさこそが古典の真髄でしょう。その点を強調して、補講を終えることにします。

付録1

『碧巌録』全一〇〇則標題・登場人物一覧

『碧巌録』の現行諸本には各則に標題が付されているが、古い版本にはなく、読者の便を考えて、江戸時代の注釈書あたりから付されるようになったものである。ここに挙げた標題は岩波文庫新版に付されたもので、大智《だいち》実統《じっとう》（一六五九―一七四〇）の『碧巌録種電鈔』に基づいている。参考までに、岩波文庫旧版の標題が新版と大きく異なる場合、括弧の中に挙げた。登場人物は本則のみに関するもので、通称によって挙げた。（雪竇）とあるのは、本則中に雪竇の著語が入っていることを示す。

	標題	登場人物
第一則	武帝、達磨に問う（達磨廓然無聖）	武帝、達磨、志公
第二則	趙州至道無難	趙州、僧
第三則	馬大師不安	馬祖、院主
第四則	徳山複子を挟む（徳山潙山に到る）	徳山、潙山、首座、（雪竇）
第五則	雪峰尽大地	雪峰

第六則	雲門十五日（雲門日日好日）	雲門
第七則	法眼、慧超に答う（法眼慧超仏を問ふ）	僧（慧超）、法眼
第八則	翠巌、夏末に衆に示す	翠巌、保福、長慶、雲門
第九則	趙州の東西南北（趙州四門）	僧、趙州
第一〇則	睦州、僧に甚処ぞと問う（睦州掠虚頭の漢）	睦州、僧
第一一則	黄檗酒糟の漢（黄檗噇酒糟の漢）	黄檗、僧
第一二則	洞山の麻三斤	僧、洞山
第一三則	巴陵の銀椀裏（巴陵銀椀に雪を盛る）	僧、巴陵
第一四則	雲門の対一説	僧、雲門
第一五則	雲門の倒一説	僧、雲門
第一六則	鏡清草裏の漢（鏡清啐啄の機）	僧、鏡清
第一七則	香林の西来意（香林坐久成労）	僧、香林
第一八則	粛宗、塔様を請う（忠国師無縫塔）	粛宗、慧忠、耽源、（雪竇）
第一九則	倶胝の指頭禅（倶胝只一指を竪つ）	倶胝
第二〇則	龍牙の西来意（龍牙西来意無し）	龍牙、翠微、臨済
第二一則	智門の蓮花荷葉	僧、智門
第二二則	雪峰の鼈鼻蛇	雪峰、長慶、僧、玄沙、雲門
第二三則	保福の妙峰頂（保福長慶遊山）	保福、長慶、鏡清、（雪竇）

第二四則　劉鉄磨、台山(鉄磨潙山に到る)　劉鉄磨、潙山
第二五則　蓮華庵主住せず(蓮華峰拄杖を拈ず)　蓮華峰庵主
第二六則　百丈の奇特の事(百丈大雄峰)　僧、百丈
第二七則　雲門の体露金風　僧、雲門
第二八則　涅槃和尚諸聖(南泉不説底の法)　南泉、百丈涅槃和尚
第二九則　大隋の劫火洞然　僧、大隋
第三〇則　趙州の大蘿蔔(趙州大蘿蔔頭)　僧、趙州
第三一則　麻谷、錫を振い床を遶る(麻谷両処に錫を振ふ)　麻谷、章敬、(雪竇)
第三二則　臨済の仏法大意(定上座臨済に問ふ)　定上座、臨済、傍僧
第三三則　陳尚書、資福に看ゆ(陳操資福に看ゆ)　陳操、資福、(雪竇)
第三四則　仰山、甚処より来たるかを問う(仰山曾て遊山せず)　仰山、僧、雲門
第三五則　文殊の前三三　文殊、無著
第三六則　長沙、一日遊山す(長沙落花を逐うて回る)　長沙、首座、(雪竇)
第三七則　盤山の三界無法　盤山
第三八則　風穴の鉄牛の機(風穴祖師の心印)　風穴、盧陂長老、牧主
第三九則　雲門の金毛の獅子(雲門花薬欄)　僧、雲門
第四〇則　南泉、夢の如くに相似たり(南泉一株花)　陸亘大夫、南泉

第四一則　趙州大死底の人　趙州、投子
第四二則　龐居士の好雪片片　龐居士、全禅客、（雪竇）
第四三則　洞山の寒暑廻避（洞山無寒暑）　僧、洞山
第四四則　禾山、解く鼓を打つ　禾山、僧
第四五則　趙州の万法帰一　僧、趙州
第四六則　鏡清の雨滴の声　鏡清、僧
第四七則　雲門の六不収　僧、雲門
第四八則　王太傅、茶を煎ず　王太傅、朗上座、明招、（雪竇）
第四九則　三聖、何を以てか食と為す（三聖網を透る金鱗）　三聖、雪峰
第五〇則　雲門の塵塵三昧　僧、雲門
第五一則　雪峰の是れ什麼ぞ　雪峰、僧、巌頭
第五二則　趙州の石橋と略彴（趙州驢を渡し馬を渡す）　僧、趙州
第五三則　馬大師の野鴨子（百丈野鴨子）　馬祖、百丈
第五四則　雲門の近ごろ甚処を離れしや（雲門却って両手を展ぶ）　雲門、僧
第五五則　道吾、漸源と弔孝す（道吾漸源と弔慰す）　道吾、漸源、石霜、（雪竇）
第五六則　欽山、一鏃もて三関を破る　良禅客、欽山
第五七則　趙州の至道無難（趙州田厙奴）　僧、趙州

第五八則　趙州の時人窠窟（趙州分疎不下）　僧、趙州
第五九則　趙州の唯嫌揀択（趙州只這の至道）　僧、趙州
第六〇則　雲門の拄杖子（雲門拄杖化して龍と為る）　雲門
第六一則　風穴の若し一塵を立つれば　風穴、（雪竇）
第六二則　雲門、中に一宝有り（雲門形山に秘在す）　雲門
第六三則　南泉、両堂に猫を争う（南泉猫児を斬る）　南泉
第六四則　南泉、趙州に問う（趙州頭に草鞋を戴く）　南泉、趙州
第六五則　外道、仏に有無を問う（外道仏に問ふ）　外道、仏、阿難
第六六則　巌頭、什麼処よりか来たる（巌頭黄巣過ぎて後）　巌頭、僧、雪峰
第六七則　梁の武帝、請じて経を講ぜしむ（傅大士経を講ず）　武帝、傅大士、誌公
第六八則　仰山、三聖に問う　仰山、三聖
第六九則　南泉、忠国師を拝す（南泉一円相）　南泉、帰宗、麻谷
第七〇則　潙山、百丈に侍立す（百丈咽喉を併却して）　百丈、潙山
第七一則　百丈、咽喉を併却ぐ（百丈五峰に問ふ）　百丈、五峰
第七二則　百丈、雲巌に問う　百丈、雲巌
第七三則　馬大師の四句百非　僧、馬祖、智蔵、百丈
第七四則　金牛和尚、呵呵と笑う（金牛飯桶）　金牛、（雪竇）、僧、長慶
第七五則　烏臼、法道を問う（烏臼の屈棒）　僧、烏臼

第七六則	丹霞、甚処よりか来たると問う（丹霞飯を喫すや未しや）	丹霞、僧、長慶、保福
第七七則	雲門、餬餅と答う（雲門の餬餅）	僧、雲門
第七八則	十六開士の入浴（開士水因を悟る）	十六開士
第七九則	投子の一切声（投子一切仏声）	僧、投子
第八〇則	趙州の孩子の六識（趙州初生の孩子）	僧、趙州、投子
第八一則	薬山、麈中の麈を射る（薬山麈中の麈）	僧、薬山、（雪竇）
第八二則	大龍の堅固法身	僧、大龍
第八三則	雲門の露柱相交る（雲門古仏露柱）	雲門
第八四則	維摩の不二法門	維摩詰、文殊師利、（雪竇）
第八五則	桐峰庵主の大虫（桐峰庵主虎声を作す）	僧、桐峰庵主、（雪竇）
第八六則	雲門、光明の在る有り（雲門厨庫三門）	雲門
第八七則	雲門、薬病相治す	雲門
第八八則	玄沙の接物利生（玄沙の三種病）	玄沙、僧、雲門
第八九則	雲巌、道吾に手眼を問う（雲巌大悲手眼）	雲巌、道吾
第九〇則	智門般若の体	僧、智門
第九一則	塩官の犀牛の扇子	塩官、侍者、投子、（雪竇）、石霜、資福、保福

第九二則　世尊、一日座に陞る(世尊陞座)　世尊、文殊
第九三則　大光師、舞を作す　僧、大光
第九四則　楞厳経、若し不見を見れば(楞厳不見の時)　『楞厳経』
第九五則　長慶、三毒有り(長慶二種の語)　長慶、保福
第九六則　趙州の三転語　趙州
第九七則　金剛経の「軽賤」(金剛経罪業消滅)　『金剛経』
第九八則　天平和尚の両錯　天平、西院
第九九則　粛宗の十身調御　粛宗、慧忠
第一〇〇則　巴陵の吹毛剣　僧、巴陵

付録2 現代語訳で読める禅語録

『世界古典文学全集』(筑摩書房)

36A『禅家語録』1(西谷啓治・柳田聖山編、一九七二)

達磨二入四行論、六祖壇経、頓悟要門、黄檗伝心法要、臨済録、趙州録

36B『禅家語録』2(西谷啓治・柳田聖山編、一九七四)

寒山詩、三祖信心銘、永嘉証道歌、参同契、洞山宝鏡三昧、洞上五位頌、潙山警策、十牛図、坐禅儀、碧巌録、無門関

『世界の名著』(中央公論社)

18『禅語録』(柳田聖山編、一九七八)

菩提達磨無心論、六祖壇経、臨済録、洞山録、祖堂集

『禅の語録』(筑摩書房)

1『達摩の語録・二入四行論』(柳田聖山、一九六九)

2『初期の禅史』1楞伽師資記・伝法宝記(柳田聖山、一九七一)

3『初期の禅史』2歴代法宝記(柳田聖山、一九七六)

4　『六祖壇経』(中川孝、一九七六)
5　『馬祖の語録』(入矢義高編、二〇一六)
6　『頓悟要門』(平野宗浄、一九七〇)
7　『龐居士語録』(入矢義高、一九七三)
8　『伝心法要・宛陵録』(入矢義高、一九六九)
9　『禅源諸詮集都序』(鎌田茂雄、一九七一)
10　『臨済録』(秋月龍珉、一九七二)
11　『趙州録』(秋月龍珉、一九七二)
12　『玄沙広録』三巻(入矢義高監修、二〇一六)
13　『寒山詩』(入矢仙介・松村昂、一九七〇)
14　『輔教編』(荒木見悟、一九八一)
15　『雪竇頌古』(入矢・梶谷・柳田、一九八一)
16　『信心銘・証道歌・十牛図・坐禅儀』(梶谷・柳田・辻村、一九七四)
17　『大慧書』(荒木見悟、一九六九)
18　『無門関』(平田高士、一九六九)
19　『禅関策進』(藤吉慈海、一九七〇)
20　『「禅の語録」導読』(小川隆、二〇一六)

禅文化研究所刊
『馬祖の語録』(入矢義高編、一九八四)
『玄沙広録』三巻(入矢義高監修、一九八七—一九九九)
『大乗仏典』中国・日本篇(中央公論社)
11『敦煌』Ⅱ(田中良昭・沖本克己他訳、一九八九)
絶観論、修心要論、観心論、南陽和上頓教解脱禅門直了性壇語、南陽和尚問答雑徴義、菩提達摩南宗定是非論、大乗開心顕性頓悟真宗論、摩訶衍遺文、小品集
12『禅語録』(石井修道訳、一九九二)
曹渓大師伝、裴休拾遺問、大慧普覚禅師法語
13『祖堂集』(柳田聖山訳、一九九〇)
岩波文庫
『臨済録』(入矢義高訳、一九八九)
『無門関』(西村恵信訳、一九九四)
単行本
『現代語訳 碧巌録』三巻(末木文美士編、『碧巌録』研究会訳、岩波書店、二〇〇一—二〇〇三)

あとがき

本書は、一九九六年一一月―一二月に四回にわたって「岩波市民セミナー」で行なった講義の記録をもとに、加筆訂正をしたものです。『碧巌録』自体が口語を生かした圜悟の講義録ですから、本書もできるだけ講義のときの口調を、あまり手を加えずにそのまま生かしたいと思いました。しかし、実際の話し言葉というのは、主語・述語の関係がおかしくなっていたり、繰り返しが多かったりで、相当大幅に手を入れなければなりませんでした。併せて、説明不足のところをかなり補いました。それでも、実際の講義の臨場感が少しでも残っていれば、と思います。

『碧巌録』と本格的に取り組むようになってから、もう十数年になります。一九八四年から数人の友人たちと研究会を開いて、『碧巌録』を全部読み現代語訳しようという大きな計画で始めたのですが、第一則を一応読み解き、現代語訳の原稿を纏めるだけで三年かかりました。

ちょうどその頃、もう一方で岩波文庫の『碧巌録』新版刊行の話が起こり、そのメンバーにも加えていただきました。作業はこのほうが早く進み、上巻が一九九二年六月、中巻が一九九四年五月、下巻が一九九六年二月に刊行されて、完結しました。今回の「岩波市民セミナー」での講義と本書の刊行も、いわば文庫新版の完結を記念するものです。ですから、本書はもちろん文庫新版をテキストとしています(ただし、引用にあたって、ルビを増やして読みやすくしたところがあります)。本書をお読みになって『碧巌録』に関心を持たれた方は、ぜひ文庫新版をお求めになり、別にはじめから順番に読む必要もありませんので、気の向いたところから頁を繰っていただければ、はなはだ嬉しいことです。

文庫の仕事と並行して、現代語訳の共同研究のほうもぼつぼつと進んでいきました。最初のペースではどうなることかと思っていたのですが、幸いに則が進むにつれてペースが上がってきて、一九九七年二月には全体の一応の訳ができあがり、うちうちの形で刊行できました。いま、それをもう一度見直し、手を入れて、公刊できるような形にする作業を進めています。遠からず、皆様のお目にかけることができると思います。

そんなわけで、一〇年以上にわたって、文庫版と現代語訳と、両面から『碧巌録』にぎゅうぎゅうに責められ、悲鳴を上げましたが、よい勉強になりました。とりわけ入矢義高先生から直接にご指導を頂くことができたのは、なにものにも代え難いことでした。禅語録をわけのわからない体験に解消するのではなく、きちんと理解可能なテキストとして読むべきだという入矢先生の主張こそ、私たちの作業を導く理念でした。入矢先生の求められるところは、単なる語学的正確さというだけでなく、思想理解にまで踏み込むもので、多数の実例を背景に、優れた直感力をもって示される数々の新解釈は、はっと息を呑むほど素晴らしいものです。入矢学のエッセンスは、岩波書店刊の二冊の論文集『求道と悦楽――中国の禅と詩』(一九八三)、『自己と超越――禅・人・ことば』(一九八六)に纏められていますので、ぜひその醍醐味を味わってください。

本書は、文庫版や現代語訳の作業の過程で育んできた私なりの『碧巌録』理解の試作品です。従来、『碧巌録』解釈の本といえば、老師方の提唱風のものだけでしたから、いくらかは新味もあろうかと思います。大胆な解釈と見えるところもあるかもしれませんが、決して新しいことを言わんがための強引な解釈ではなく、あくまでもテキストを素直に読んで出てくる解釈を目指しています。道元の『正法眼蔵』は、今日ではもはや仏教学者や禅学者だけのものではなく、思想・哲学に携わる人にとっての共有財産になっていますが、『碧巌録』もまた、現代思想の最前線に打って出ることができるだけの新鮮で刺激的な内容を持っているものと確信しています。本書ははなはだ不十分なものですが、そうした方向への呼び水になることができれば、と願っています。

私は仏教学が専門ですが、文庫版でも現代語訳でも、ご一緒させていただいているのは大部分が中国学、特に中国思想・哲学を専門とされる方々です。中国思想・哲学の方面からは、『碧巌録』やその他の禅文献を大きな思想の流れの中で捉えようとする意欲的な方が少なくないのに、仏教学の方面からは、そのような志向を持つ方が少ないのは寂しいことです。確かに禅学という領域があり、優れた成果が上げられていますが、今度は禅という枠の中に留まり、幅が狭くなってしまいます。インド以来の教学の論理に慣れてきた研究者には、『碧巌録』のような発想はついていきにくいのかもしれませんが、既存の思考パターンに囚われて一歩も出られないようでは、情けないことだと思います。

私が『碧巌録』に関心を持つようになったのは、実ははるかに遡って、学生時代から参禅している丹羽慈祥老師(臨済宗南禅寺派広園寺住職〔当時〕)が提唱で『碧巌録』を取り上げられたのをうかがってからのことです。私が今日あるのは、怠けてばかりでおよそ進歩のない私を、放り出しもせずに導いてくださっている丹羽老師、および、広園寺に副司としていらした頃から、何くれとなくお心にかけてくださっている宮本大峯老師(臨済宗向嶽寺派管長)のお蔭です。

最後になりましたが、セミナーの開催と本書の出版にあたり、岩波書店の沢株正始氏、押田連氏のお世話になりましたことを記して、謝意を表したく存じます。

一九九八年五月

著　者

岩波現代文庫版あとがき

この度、現代文庫として再刊されるに当たり、元版の誤りを正すとともに、冗長なところや文脈の分かりにくいところに、多少手を入れました。けれども、内容的には手を加えていません。新しい情報は、本文中に〔　〕で括って簡単に注記しました。原文の著語と同じ形ですが、区別は付けられると思います。それから、「補講」を加えて新しい研究状況の進展に対応し、併せて最近の私自身の問題意識を記しました。

本書の後で、末木文美士編・『碧巌録』研究会訳『現代語訳　碧巌録』全三巻(岩波書店、二〇〇一—二〇〇三)が出版されました。しばらく品切れ状態でしたが、近くオンデマンド版で復刊されるということです。併せてご参照いただければ幸いです。

本書の元版が出版される直前、一九九八年六月三〇日に入矢義高先生がご逝去されました。集中講義中で動きが取れないため、岩波書店にお願いして、出来たての見本刷りを霊前に供えていただきました。

二〇一七年一二月には、学生時代以来、ご指導いただいてきた丹羽慈祥老師が遷化されました。不肖の弟子でしたが、いつも温かく見守ってくださいました。校正しながら、老師のもとに参禅した日のことが思い出されます。

本書が新版として新たに日の目を見ることになったのは、岩波書店編集部の吉田裕さんのお陰です。有難うございます。

二〇一八年六月

末木文美士

本書は一九九八年七月、岩波書店より岩波セミナーブックスとして刊行された。

『碧巌録』を読む

2018年8月17日　第1刷発行

著　者　末木文美士《すえきふみひこ》

発行者　岡本　厚

発行所　株式会社　岩波書店
〒101-8002 東京都千代田区一ツ橋 2-5-5

案内 03-5210-4000　営業部 03-5210-4111
現代文庫編集部 03-5210-4136
http://www.iwanami.co.jp/

印刷・精興社　製本・中永製本

ISBN 978-4-00-600387-6　　Printed in Japan

岩波現代文庫の発足に際して

新しい世紀が目前に迫っている。しかし二〇世紀は、戦争、貧困、差別と抑圧、民族間の憎悪等に対して本質的な解決策を見いだすことができなかったばかりか、文明の名による自然破壊は人類の存続を脅かすまでに拡大した。一方、第二次大戦後より半世紀余の間、ひたすら追い求めてきた物質的豊かさが必ずしも真の幸福に直結せず、むしろ社会のありかたを歪め、人間精神の荒廃をもたらすという逆説を、われわれは人類史上はじめて痛切に体験した。

それゆえ先人たちが第二次世界大戦後の諸問題といかに取り組み、思考し、解決を模索したかの軌跡を読みとくことは、今日の緊急の課題であるにとどまらず、将来にわたって必須の知的営為となるはずである。幸いわれわれの前には、この時代の様ざまな葛藤から生まれた、人文、社会、自然諸科学をはじめ、文学作品、ヒューマン・ドキュメントにいたる広範な分野のすぐれた成果の蓄積が存在する。

岩波現代文庫は、これらの学問的、文芸的な達成を、日本人の思索に切実な影響を与えた諸外国の著作とともに、厳選して収録し、次代に手渡していこうという目的をもって発刊される。いまや、次々に生起する大小の悲喜劇に対してわれわれは傍観者であることは許されない。一人ひとりが生活と思想を再構築すべき時である。

岩波現代文庫は、戦後日本人の知的自叙伝ともいうべき書物群であり、現状に甘んずることなく困難な事態に正対して、持続的に思考し、未来を拓こうとする同時代人の糧となるであろう。

（二〇〇〇年一月）

岩波現代文庫[学術]

G377
済州島四・三事件
―「島〈タムナ〉のくに」の死と再生の物語―
文京洙

一九四八年、米軍政下の朝鮮半島南端・済州島で多くの島民が犠牲となった凄惨な事件。長年封印されてきたその実相に迫り、歴史と真実の恢復への道程を描く。

G378
平面論
―一八八〇年代西欧―
松浦寿輝

イメージの近代は一八八〇年代に始まる。さまざまな芸術を横断しつつ、二〇世紀の思考の風景を決定した表象空間をめぐる、チャレンジングな論考。〈解説〉島田雅彦

G379
新版 哲学の密かな闘い
永井均

人生において考えることは闘うこと――哲学者・永井均の、「常識」を突き崩し、真に考える力を養う思考過程がたどれる論文集。

G380
ラディカル・オーラル・ヒストリー
―オーストラリア先住民アボリジニの歴史実践―
保苅実

他者の〈歴史実践〉との共奏可能性を信じ抜く――それは、差異と断絶を前に立ち竦む世界に、歴史学がもたらすひとつの希望。〈解説〉本橋哲也

G381
臨床家 河合隼雄
谷川俊太郎
河合俊雄 編

多方面で活躍した河合隼雄の臨床家としての姿を、事例発表の記録、教育分析の体験談、インタビューなどを通して多角的に捉える。

2018.8

岩波現代文庫［学術］

G382
思想家 河合隼雄
中沢新一
河合俊雄 編

心理学の枠をこえ、神話・昔話研究から日本文化論まで広がりを見せた河合隼雄の著作。多彩な分野の識者たちがその思想を分析する。

G383
河合隼雄語録
カウンセリングの現場から
河合隼雄
河合俊雄 編

京大の臨床心理学教室での河合隼雄のコメント集。臨床家はもちろん、教育者、保護者などにも役立つヒント満載の「こころの処方箋」。〈解説〉岩宮恵子

G384
新版 占領の記憶 記憶の占領
―戦後沖縄・日本とアメリカ―
マイク・モラスキー
鈴木直子 訳

日本にとって、敗戦後のアメリカ占領は何だったのだろうか。日本本土と沖縄、男性と女性の視点の差異を手掛かりに、占領文学の時空間を読み解く。

G385
沖縄の戦後思想を考える
鹿野政直

苦難の歩みの中で培われてきた曲折に満ちた沖縄の思想像を、深い共感をもって描き出し、沖縄の「いま」と向き合う視座を提示する。

G386
沖縄の淵
―伊波普猷とその時代―
鹿野政直

「沖縄学」の父・伊波普猷。民族文化の自立と従属のはざまで苦闘し続けたその生涯と思索を軸に描き出す、沖縄近代の精神史。

2018. 8

岩波現代文庫［学術］

G387

『碧巌録』を読む

末木文美士

「宗門第一の書」と称され、日本の禅に多大な影響をあたえた禅教本の最高峰を平易に読み解く。「文字禅」の魅力を伝える入門書。

G388

永遠のファシズム

ウンベルト・エーコ
和田忠彦訳

ネオナチの台頭、難民問題など現代のアクチュアルな問題を取り上げつつファジーなファシズムの危険性を説く、思想的問題提起の書。

2018. 8